Corona Papers

– Texte aus dem Lockdown –

Corona Papers

– Texte aus dem Lockdown –

Herausgegeben von
Vivien Catharina Altenau

Mit Illustrationen von Niusha Ramzani

MUSKETIERVERLAG

Besuchen Sie uns im Internet:
www.musketierverlag.de

1. Auflage 2020

in der Verlagsgruppe MusketierVerlag GmbH, Bremen
Konsul-Schmidt-Straße 92, 28217 Bremen
Umschlaggestaltung und Satz: Nadine Voll
Illustrationen: Niusha Ramzani
Lektorat: Vivien Catharina Altenau

ISBN: 978-3-946635-35-2

Für

die Generation Corona

Vorwort

Wir stecken in der Krise. Du, ich, hier und da, die da drüben, die ganze Nation – und soll ich dir was sagen: Die anderen Länder auch. Ein weltweiter Ausnahmezustand, der alles Globale auf einmal unmöglich macht. Corona. Ein Virus. Eine sich ausbreitende Gefahr, die auch vor geschlossenen Grenzen keinen Halt macht. Und somit schreit es: Rückzug! Wir sind erst aufgefordert und dann gezwungen zurückzukehren, uns in unsere vier Wände zu begeben. Die Regierungen ziehen massenhaft Ereigniskarten. Frei nach dem Motto: Gehen Sie in das Gefängnis. Begeben Sie sich direkt dorthin. Gehen Sie nicht über Los. Ziehen Sie nicht 200 Mark ein.

Zwischen Schock und Erkenntnis geht es uns auf: Liegt das Gefängnis tatsächlich im Drinnen oder müssen wir uns eingestehen, dass wir in Wahrheit längst im Außen gefangen waren. Wie der olle Höhlenmensch sind wir unseren Schatten nachgejagt, während der Ausgang nicht im Ausgang zu liegen scheint. Nun stehen wir also dort, hören auf herumzulaufen und dürfen die Gedanken wandern lassen.

Wenn eine Naturkatastrophe viral geht, wird es furchtbar. Still. Angst lähmt. Respekt vor den aktuellen Umständen prägt. Doch unsere Chancen sind noch nicht vertan. Denn es ist die Stille, die dafür sorgt, dass wir es flüstern hören. Während andere Generationen, andere Völker, andere Lebewesen Neues wagen mussten, um zu überleben; stehen wir vor einer viel enormeren Herausforderung. Wir müssen uns unseren Ursprung bewusst machen. Wir ziehen nicht aus an die Front, unser Krieg wird innerlich ausgetragen. Unsere einzige Möglichkeit besteht darin, eben nichts zu tun. Und dann hören wir es wieder: das Flüstern. Und es wird lauter; kaum mehr zu überhören. Doch es schreit nicht, es singt. Es greift nicht nach uns, es schubst uns voran. Die Ruhe, der Müßiggang, die Zeit, die Kraft, sie verlangt: Kreativität.

Wenn dich dieser Text erreicht, gehörst du zu denjenigen, die ich dafür begeistern möchte, ihren Zustand im Kontext der aktuellen Lage – sowohl gesellschaftlich als auch persönlich – in Worte zu fassen, Blickwinkel zu verstehen und über den Ausdruck einen Eindruck von gegenwärtigem Leben zu erhaschen. Daher findest du hier eine Sammlung an Gedanken, Wortfetzen und Texten, die von zwei Buchdeckeln zusammengehalten und von den Händen der lieben Nadine behutsam und sanft in die richtige Gestalt formatiert wurden. Umarmt werden die erzählenden Buchstaben durch die Zeichnungen der aufregend einfallsreichen Niusha.

Erlaubt war alles, was Buchstaben enthält, egal ob essayistisch oder lyrisch. Ich wollte wissen: Was willst du später im Schaukelstuhl deinen Enkeln in Erinnerung an diese Corona-Krise erzählen?

Der Schlachtruf hieß: Lasst uns ein Projekt angehen, schreibt mit mir ein Buch. Denn es gibt auf der Welt genau zwei Wahrheiten: Angst und Liebe. Und so scheint uns das Unfassbare und mit dem Wort Corona Benannte aus unseren Bahnen des Alltäglichen zu werfen.

Wir alle besitzen einen unendlichen, kreativen Möglichkeitsraum und die Fähigkeit unsere Eindrücke auszudrücken. Lasst uns diese Räume gemeinsam füllen und mit dem Wesentlichen, dem Wahren und den Wundern füllen und bewohnen.

Die Welt hat uns herausgefordert.
Lasst uns antworten.
Lasst uns vom Entweder-Oder-Prinzip abweichen und beides zulassen.
Lasst uns diesen Moment des Mangels in einen Augenblick der Menschlichkeit verwandeln.
Lasst uns echte Nähe schaffen.
Schaffen wir Worte. Schaffen wir die Welt.
Denke und dann höre auf. Damit.
Fühle, dann ergreife den Stift, die Möglichkeit und das Wort.
Schreibe und lebe und atme.

Vivien Catharina, kompromisslos

In meiner Insel

Schlechte Grammatik? Schlechte Metapher trifft es eher. Wir werden alle eines wunderschönen Tages völlig werte-, angst- und vorurteilsfrei in unsere persönliche Insel hinein geboren. Anfangs ist diese Insel noch unbegrüntes Flachland mit schrittweitem Abstand zu anderen Inseln und voller Potenzial – je nachdem, ob man unsere Zeit hier als gegeben oder auferlegt betrachten möchte.

Das klingt fast paradiesisch, wenn man davon ausgeht, dass wir als Individuum unser privates Eiland gestalten können, wie es uns für richtig erscheint. Leider kommen in unseren ersten Jahren zwei Widrigkeiten zwischen uns und unsere perfekte Insel: Erziehung und (A)Sozialisierung. Abhängig davon, wie wir diese nehmen oder genommen bekommen, bilden sich bodenlose Schluchten, höchste Berge, endlose Wüsten, grünste Gärten und ergeben das Relief, mit dem wir durch diesen Ozean mit fast acht Milliarden Inseln treiben. Dieses Relief ist maßgeblich dafür verantwortlich, ob wir kontaktlos aneinander vorbeiziehen oder Brücken bauen. Im Vierundzwanzig-Stunden-Déjà-vu unseres Alltags, unserer Routinen und Automatismen passiert ein Abgleich ganz unbewusst. Wenn man sich dessen bewusst wird, sein Relief selbst reflektiert, wird das Brücken bauen bedeutend einfacher.

Es ist unnötig Pessimist zu sein.

Ein sehr esoterischer Ansatz möchte man meinen. Obwohl meine Gesichts- und Kopfbehaarung sowie meine Mimik aus aktuellem Anlass langsam zu einer homogenen Einsiedleroptik zusammenwachsen und ich bei einem Glas Tee sitze, bin ich doch zutiefst pragmatisch veranlagt. In meiner

Insel lebt ein Exoteriker mit leicht asketischem Hang zur Melancholie und einem Schuss Romantik, der eine stark analytische und naturwissenschaftliche Erziehung erfahren durfte/musste. Grandioser Cocktail für soziale Isolation. Seit einiger Zeit arbeite ich in einem Metier, das mit Menschen für Menschen gemacht ist. Höchstes Gut dabei ist es, einen Fuß auf die Insel des jeweiligen Gegenübers zu bekommen. Da kommen einige tausend Inseln zusammen, die man bestaunen kann.

Aktuell bekommt das Inselgleichnis einen makaberen Beigeschmack. Die meisten Routinen des öffentlichen Lebens wurden eingeschränkt oder gar verboten. Ein Mindestabstand selbst zu vertrauten Eilanden ist einzuhalten. Familien sollten sich nicht besuchen, wenn nicht unbedingt nötig, Besuchszeiten in Krankenhäusern wurden massiv eingeschränkt und einige Länder leiden unter Maßnahmen wie Ausgangssperren und kompletter Quarantäne. Viele Grenzen wurden geschlossen die Wirtschaft stagniert. Wir haben eine Pandemie.

Bevor die sozialen Einschränkungen verordnet wurden, musste ich Zeuge von Ignoranz, Egoismus und Verantwortungslosigkeit werden. Sätze wie »Es trifft ja eh nur die Alten und Schwachen, was soll die Panik« und Aktionen wie Coronapartys waren da keine Seltenheit. Ich habe junge Menschen gesehen, die durch die Innenstädte gezogen sind, Vorbeigehende angehustet und »Corona« geschrien haben. Eigenartige Inseln habt ihr da. Seid ihr die, welche daheim viertausend Rollen Toilettenpapier horten? Ich verstehe, dass Unwissenheit, Verunsicherung und Angst die Leute antreibt, so wie es schon immer war. Aber lohnt es sich, die Mauern um sich herum so hochzuziehen und mit Scheuklappen bewaffnet potenzielle Folgen für andere einfach auszublenden.

Möchte jemand verantworten wegen gedankenlosem Umgang jemanden mit einer Immunschwäche anzustecken, bei einer unkontrollierten Verbreitung des Erregers das Gesundheitssystem zu überlasten und einen nennenswerten Prozentsatz aller Ur-/Großeltern zu beerdigen? Es scheint als wäre uns der unbekannte Andere völlig gleichgültig.

Im stark betroffenen Italien wird sich über Ausgangssperren hinweggesetzt, beispielsweise indem man sich Hunde aus Papier bastelt und das Ganze als nötigen Ausgang bezeichnet und viel schlimmer noch – die Plünderungen nehmen zu. Angstgesteuert machen wir die Dinge schlimmer als sie sein müssten.

Es ist unnötig Pessimist zu sein.

Aus all den Wirrungen sprießt ein zarter, schutzbedürftiger Halm der Solidarität. Unsere Inseln sind trotz sozialer Einschränkungen verdammt nah zusammengerückt. Wir sind alle vom selben Problem betroffen. »Bleiben Sie gesund!« Berufsbedingt musste ich viel mit quasi Unbekannten telefonieren, um Termine abzusagen. Schnelle Sache eigentlich. Oft entstand auf Nachfrage des Gegenübers ein längeres Gespräch darüber, wie es uns denn ginge, ob wir bald wie gehabt weitermachen würden mit Aussagen wie »Sie schaffen das!« und »Bleiben Sie gesund!« Das klingt verdächtig nach Phrasenschlägerei, war es aber keineswegs. Es war authentisches Interesse an der Lage des Anderen. Leider kann ich mir da eine gewisse Expertise unterstellen, mit der man den Unterschied erkennt. Wie in jedem Ausnahmezustand trifft es die weniger erfolgreichen Glücksuchenden am meisten. Das wird gesehen. Viele Restaurants, Bäckereien etc. oder eben auch Private engagieren sich für Menschen ohne Obdach, da viele Anlaufstellen ersatzlos den Betrieb eingestellt haben. Die brutale Entschleunigung scheint den Fokus vieler neu auszurichten. Man sehnt sich nach Sozialem. Die Schleifmühle des Alltags, die unseren Blick zentrifugiert und oft nur das Naheliegende wichtig erscheinen lässt, rotiert bedeutend langsamer. So schlimm die Krise auch sein mag, es besteht die Chance sich neu aufzustellen, Gedanken zu pflegen und umzudenken. In den letzten zwei Jahren haben die fünfzehn größten Militärnationen knapp sechs Billionen US-Dollar in Aufrüstung investiert. Besteht noch die Notwendigkeit, der mit dem größten Knüppel zu sein? Haben wir den Kalten Krieg nicht hinter uns gelassen oder besteht immer noch die Notwendigkeit mit dem Säbel zu rasseln, wenn es um Ressourcen geht. Aktuelle Beispiele zeigen, dass die größten Herausforderungen unserer Zeit der Klimawandel, die globale Schere zwischen Arm und Reich und Pandemien sind. Viele Millionen Reservisten weltweit können im Kriegsfall eingezogen werden. Wie viele Millionen Helfer können aktiviert werden, wenn bei Katastrophen, egal welcher Art, jemandem beigestanden werden muss? Ich traue uns das voll und ganz zu, solche Dinge anzugehen und zu prosperieren, ohne dass jemand am anderen Ende der Welt darunter leiden muss.

Jeder kann frei entscheiden, ob er auf seiner Insel Mauern oder Brücken bauen und auf was er zurückschauen möchte. Für mich steht außer Frage, was nachhaltiger ist. Eure Liebe und Solidarität ist das Leben, also sagt zum Leben »Ja!«

Es ist unnötig Pessimist zu sein.

Frank, kein Pessimist

Denkschrift

Ich fühle mich so, als würden wir alle ein Spiel spielen, das heißt »Wer als erstes durchdreht, hat verloren.«

Friederike, frohgemut

Tan fuerte, tan pequeña

El tiempo es mi constante
La vida, mi don.

Mi música, mis palabras, son espejo de lo oscuro y
 reluciente de mi alma.
La soledad rompe las capas de mi ser tan indefinido.
¡Sájame fuera! Me grita.

¿Me estoy queriendo, o saboteando?
La autoridad y el deber han creado muros más fuertes
 que mi voluntad.
Los sueños se confunden con la rebeldía.

La curiosidad es mi sustento
Los libros mis compañeros más fieles.
Que es creatividad, me pregunto.

Quiero ser yo.
Quiero amar, quiero aprender a amar.

La tierra lucha por bailar otra vez
Los pájaros juegan reclamando la libertad tan deseada
El sol me nutre y la luna maternal me trae a la cama.

Explora niña, porque ahí tienes tus respuestas.
Ahora no hay otro, solo tú con tu infinito yo.

Elena Tomarchio, curiosa

So stark, so klein

Die Zeit ist meine Konstante
Das Leben, mein Geschenk.

Meine Musik, meine Worte sind Spiegel der Dunkelheit
und des Glanzes meiner Seele.
Einsamkeit bricht die Lagen meines Seins so undefiniert.
Hol mich raus! Schreit sie mich an.

Liebe ich mich oder sabotiere ich mich selbst?
Autorität und Pflicht haben Mauern geschaffen, stärker
als mein Wille.
Träume werden mit Rebellion verwechselt.

Neugier ist meine Stütze
Die Bücher meine treuesten Begleiter.
Was ist Kreativität, frage ich mich.

Ich will ich sein.
Ich möchte lieben, ich möchte lernen zu lieben.

Die Erde kämpft darum, wieder zu tanzen
Die Vögel spielen fordernd die gewünschte Freiheit
Die Sonne nährt mich und der Mond trägt mich ins Bett.

Entdecke Mädchen, denn dort hast du deine Antworten.
Es gibt niemanden mehr, nur dich und dein infinites Ich.

Elena Tomarchio, neugierig

Corona Macht

Corona macht einen Unterschied, weil der Virus keinen Unterschied macht.
Ich bin irritiert, denn seit dem COVID-19 Einzug hält, scheint mein Leben in Ordnung zu sein.
Ich meine nicht, die Welt sei in Ordnung. Das ist sie so ganz und gar nicht. Nein, ich meine tatsächlich ganz schlicht und einfach: meine eigene seltsame Lebensart.
Ich war schon immer Risikopatient, bewege mich mal mehr und mal weniger absichtlich am Rande meiner Existenz.
Und plötzlich: tut ihr das auch.
Ich wusch mir schon immer überaus häufig die Hände.
Weniger aus hygienischen Gründen, sondern eher, um mich vom Schmarotz der Lügen, die an den Gegenständen heften, zu befreien.
Und plötzlich: tut ihr das auch.
Ich sattelte den Bus und das Pferd schon immer von hinten auf, in der Hoffnung mich an so wenig Menschen wie möglich vorbei drängen zu müssen.
Und plötzlich: tut ihr das auch.
Ich hielt schon immer Abstand – mehr als 2 Meter, wenn möglich –, weil ich Angst habe, dass ein Bazillus namens Smalltalk überschwappt.
Und plötzlich: tut ihr das auch.
Ich bedauerte schon immer auch die Opfer und Toten der anderen Ländern von Herzen. Denn das Leid der Menschen kennt keine Nationalität.
Und plötzlich: tut ihr das auch.
Ich war schon immer gerne im Park spazieren. Doch plötzlich wurde es voll im Grünen.

Denn nun: tut ihr das auch.
Ich flüchtete schon immer vor Büroräumen und starren Arbeitsstrukturen.
Und plötzlich: tut ihr das auch.
Ich stibitzte mir schon immer lieber die Sonnenstrahlen, statt die Klamottengeschäfte zu plündern.
Und plötzlich: tut ihr das auch.
Ich war schon immer über den Zustand der Welt besorgt.
Und plötzlich: tut ihr das auch.
Ich beschäftigte mich schon immer gerne einfach mit mir selbst.
Und plötzlich: tut ihr das auch.
Ich habe schon immer für Ältere eingekauft und ihnen die Tüten zur Haustür getragen.
Und plötzlich: tut ihr das auch.
Ich war noch nie gerne drinnen, weil ich mich im Haus nach der frischen Luft sehne.
Und plötzlich: tut ihr das auch.
Und so begab es sich zu einer Zeit, in der ich für einen winzig kleinen, kurzen Moment dachte:
Ihr seid normal.
Und plötzlich: war ich das auch.
Doch ich muss gestehen:
Ich trug noch nie mehr als eine Packung Klopapier oder Nudeln gleichzeitig aus dem Supermarkt.
Schade.
Ich bin wohl doch nicht wie ihr.
Das ist die Corona Macht.

V. C., hoffnungsvoll enttäuscht

Stay home

Du willst die Möglichkeit ausschlagen Dinge zu sehen?
Du hast gar nicht vor die Entwicklung vortzusetzen?
Du möchtest nur auf dem Sofa sitzen?
Jetzt?
Ganz echt und ohne Motivation
ganz Schonunglos
im eigenen Salat
und sich alt werden lassen?

Dann … StayHome
&BleibZuHaus
stayhome
&BleibZuhaus
stayhome
&bleibzuHaus
aber …
lass den Kopf dabei
nicht hängen
und mach dir die Heizung
einstückangenehmer
als muss

Christian, Typist & SlamPoet

Die erste Corona-Krise

Als die Welle übers Land schwappte, war ich mittendrin, wenngleich nicht infiziert. Aber natürlich betroffen. Corona hatte einen Teil der Bevölkerung angesteckt. Die Auswirkungen auf diese Gruppe waren angsteinflößend. Viele verloren viel, denn das Virus griff frontal das Hirn an.

Es muss 1991 gewesen sein. Die Ausbreitung verlief gefühlt rasend schnell und die Inkubationszeit wurde in Stunden gemessen. Fachleute standen vor einem Rätsel und waren betroffen, weil es hauptsächlich junge und sogar sehr junge Menschen traf. Die Versorgungslage wurde von Tag zu Tag dramatischer, was die Preise für den Stoff in die Höhe schnellen ließ.

Ich war nur ein kleiner Gastwirt, ungebildet und fern ab von den Informationsquellen, die über aktuelle Strömungen Kenntnis hatten. Was wusste ich schon vom Ansteckungsrisiko? Auch über die zu erwartende Herden-Immunität gab es keinerlei Aufklärung, die mich hätte beruhigen können. Die WHO schwieg und schlief.

Der erste Infizierte, sozusagen der Nuller-Patient, auf den alles zurückzuführen war, kam kackfrech zur Theke und verlangte ein Corona. »Hä?« Mehr konnte man dazu nicht fragen, immerhin war es laut und voll. »CORONA! Ey, das Bier, Alter!« Ah, dieser Zweibeiner wollte ein Bier, warum bestellte er es so kompliziert? Der Virus hatte diesen Typen jedoch schon voll gehackt. Er verzog das Gesicht zu einer leidenden Grimasse, als wir ihm ein frisch, gezapftes Einbecker reichen wollten.

Um es kurz zu machen: Dieser und danach ein Strom von Lemmingen wollten ein mexikanisches Bier, dem man schon den krankmachenden Namen Corona verpasst hatte. Nur echt, wenn eine geachtelte Limone den Flaschenhals zierte. Immerhin sparten wir Gläser, weil die Epidemie Betroffene zurückwarf auf den Status von Flaschenkindern.

Erst eine Kiste am Abend, dann zwei, dann zehn, dann fünfzig. Ein exponentieller Verlauf – kennt man inzwischen. Schneller als gedacht kam es zu Lieferengpässen. Getränkehändler – in unseren Kreisen Verleger genannt – bemühten sich um Nachschub aus allen Richtungen. Opferten chinesische und russische Dealer ihre Depots? Wahrscheinlich. Anders war die Preisspirale nicht zu erklären.

Leider gab es von offizieller Seite keine Quarantäne, kein Ausgehstopp, kein Shutdown.

Wir waren den Corona-Infizierten hilflos ausgeliefert. Um nicht das unmenschliche Verfahren der Triage anwenden zu müssen, erhöhten wir die Preise. Zuletzt stündlich. Aber viele hatten ihren Verstand schon so weit verloren, dass sie ALLES für ein Corona bezahlten.

Das Ende der Pandemie ähnelte dem Ausbruch verblüffend. Von einem auf den anderen Tag schienen alle – na ja, die meisten – geheilt zu sein. Wir saßen auf riesigen Beständen, weil wir die Versorgung der Bevölkerung sicherstellen wollten. Aber kein Schwein verlangte mehr das Zeug. Wir versuchten es mit Infusionen und verramschten die letzten Flaschen kurz nach Ablauf des Mindesthaltbarkeitsdatums. Die Seuche, besser, die Infektion, war mit Hilfe sich rasch ausbreitender Antikörper besiegt.

Erkenntnisse, die man aus dieser Volkskrankheit hätte ziehen können, wurden offensichtlich verschlampt oder unterdrückt. Heute spannt man uns erneut auf die Folter – foltert uns mit Ausgehverboten, die wieder mal der kleine hinter der Theke ausbaden darf. Robert Koch würde sich im Grabe grämen, sähe er die Unbeholfenheit seiner Erben.

Irmin, Schriftsteller

Illusive focus

In our beings; do we not all carry illness
One that unfolds in all this tranquilness?
One impartial to our breathing organs,
It is our psyche that is seized by gorgons.

For them the distance means guarantee,
They say to save us from the viral apogee.
But all their measures seem so mysterious
Our resistance is enfeebled, we feel delirious.

But it is not the fever that we are haunted by.
The absence of clamour made things go awry,
Made ourselves slaves of our body of thought,
Causing billions of hidden battles to be fought.

Letting questions of vital significance arise.
But overthinking never made a man wise.
Sanity finds expression in the people we love.
Will we lose it all through the rules from above?

Nadine, Seeker

Illusorischer Fokus

Sind wir nicht alle Opfer einer Pandemie,
Die sich entfaltet in dieser stillen Regie?
Einer, die nicht unsere Lungen befällt,
Sondern den Wahnsinn in uns sicherstellt.

Für sie ist Distanzierung der Freifahrtschein,
Gemeinsam und alleine halten wir das Virus klein.
Doch ihre Maßnahmen erscheinen uns mysteriös,
Langsam geht es einher, plötzlich sind wir deliriös.

Nein, es ist nicht die Fieberwelle,
Die Abwesenheit von Lärm ist die Quelle.
So werden wir Sklaven unserer Gedanken,
Im Krieg mit uns selbst gibt es keine Schranken.

Aus der Stille wachsen existenzielle Fragen,
Und Zweifel, die unseren Verstand plagen.
Sind wir kurz davor unseren Verstand zu verlieren,
Wenn wir die Zeit mit geliebten Menschen minimieren?

Nadine, Suchende

Sorgen-abc

Kein a a?
b-Ratungsresistenz?
c-Weh? pc-Weh?
e-Probleme?
g-Behinderung?
h-Ausfall?
j-losigkeit?
l-Bogenverletzung?
m-Pathieverlust?
q-Rage-Verlust?
s-Störung?
w-Mut?
x-Beine?

Da helfen nur
t-c-Remonien.

Martin, Schauspieler

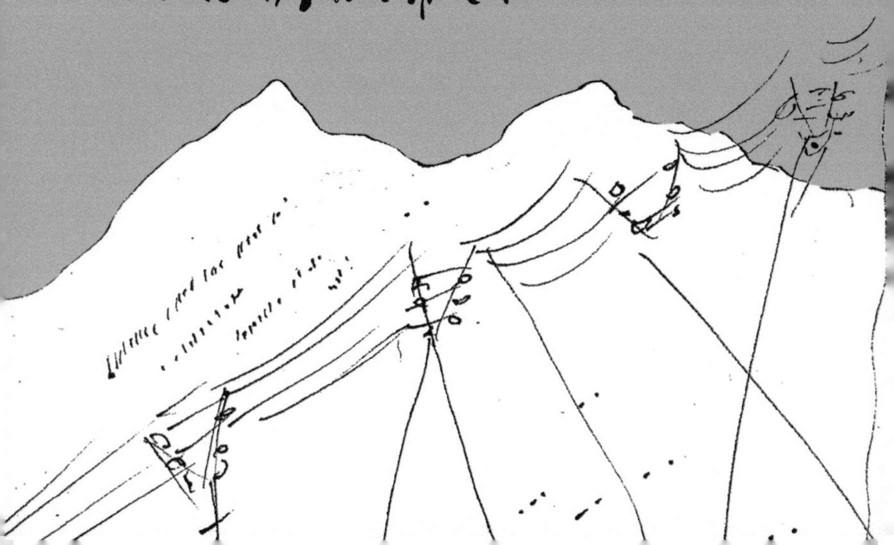

Krise schafft Kreativität!?

So klingt es verheißend in Literatur, Musik und nun auch in der Politik und in den sozialen Medien.

Corona – Zeit des Handelns: Für wen? Existenzängste, geplatzte Träume, innere Einkehr bis hin zu Depressionen; Hilfsbereitschaft in der Gemeinschaft treffen auf Hamsterkäufe. Zeitungen voll davon, im TV Information 24/7, Handy am klingeln – Stress, Hektik, Corona-Krise!

Ausklinken – ich will raus! Emotional überladene Begriffe schwirren durch den Äther wie Gewehrkugeln und treffen auf den Geist, der immer zu viel denkt. Therapeuten und Berater empfehlen nun die »wichtigen, aber nicht dringenden« Sachen zu erledigen, nun sei Zeit!

Zeit: so kostbar. Wofür nutzen? Kulturelle Innovationen schaffen als Ausdruck seiner Selbst und mit dem Anspruch, Anderen dadurch zu helfen versus finanzielle Hilfen für die Gesellschaft zu ermöglichen und bereitzustellen. Druck!

Digitalisierung: Telemedizin, Unterricht, Videochat, Fitness, Kochen – unendliche Möglichkeiten die Grenzen aufgrund der Pandemie zu überwinden, um Neues zu lernen und analog anzuwenden.

Sorgen: um Familie, Freunde, seine Mitmenschen – das Bedürfnis nach Nähe und Freundlichkeit nimmt zu, da die globale Mobilität der Gesellschaft erstmals so eingeschränkt wurde. (Selbst-)Schutz!

Die Menschen orientieren sich nach innen, da Außen eingeschränkt wurde – Sinnsuche allenthalben präsent. Seelenpause? Fehlanzeige!

Erfahrungen prägen unser Denken und Handeln. Gleich was jeder bewirkt oder einfach sein lässt im Sinne der

(Selbst-)Fürsorge – es wird langfristig Erkenntnisse bringen. Niemals lernen wir uns und andere so gut kennen, wie in Krisenzeiten.

> »Die wichtigste Stunde ist immer die Gegenwart. Der bedeutendste Mensch ist immer der, der dir gerade gegenübersteht. Das notwendigste Werk ist stets die Liebe.«
> Meister Eckhart

Eske Freya, Gedankentümmlerin

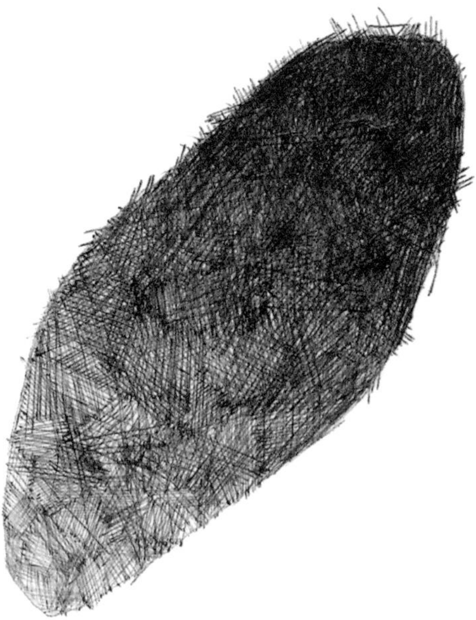

Eine Meinung

»Mit Klopapier auszugehen, ist eine pure Provokation«

Friederike, frohgemut

Die Marquise von Ö

(Leider spielt die Marquise in dieser Geschichte gar nicht mit, geschweige denn gab es sie jemals, aber der Titel ist halt so schön eingängig.)

Jetzt befinde ich mich also in Isolation. Schon wieder: Und das hängt nicht mit dem Virus zusammen … Nennen wir es respektvoll C…, denn ich habe einen Arbeitsvertrag angenommen, der mich ein weiteres Mal in die Provinz geführt hat. Ich kann gar nicht sagen, wie oft mir das bereits passiert ist. Na ja, passiert ist wohl der falsche Ausdruck. Es ist ja nicht so, dass ich zur Unterschrift gezwungen wurde. Denn im Grunde mache ich meine Arbeit sehr gerne.

Mein Beruf bringt es allerdings mit sich, dass ich durch ihn in den meisten Fällen in, im Dämmer liegende, Dörfer oder Kleinstädte, ohne vorhandene Kulturstruktur komme. Meistens ist es am Feierabend dann so, dass ich die einzige Kneipe betrete, deren Stammtrinker sich schwarmintelligenzgesteuert in einer fließenden Bewegung umdrehen und die Gespräche verstummen. So lange, bis ich mit einem entschuldigendem, zittrigen Lächeln irgendeinen freien Platz im Abstand von ungefähr 1,5 Meter zum Rest der Gäste eingenommen und ein Bier bestellt habe. Irgendwann setzen dann die Gespräche wieder ein, aber ich kann die Blicke im Nacken spüren, die mich mustern und einschätzen wollen. Wahrscheinlich sehe ich einfach zu großstädtisch aus. Zumindest wenn man noch nie in einer Großstadt war.

Dieses Mal bin ich also in einer Stadt gelandet, die nicht beachtet im Schatten einer entfernt liegend Metropolregion ihren Dornröschenschlaf schläft. Vom Prinzen fehlt hier jede Spur. Abgesehen davon ist grad auch echt nicht die richtige Zeit für einen Kuss.

Nennen wir die Stadt also liebevoll Ö.

Es gibt dort ein Programmkino, eine Saunalandschaft und genügend Cafés, die meinen Hang zu zuckrigen, sahnigen Torten und im Kännchen servierten Kaffee befriedigen könnten.

Könnten. Klar, denn auch in Ö gilt das Kontaktverbot, auch in Ö hat die Gastronomie geschlossen. Und auch in Ö misstraut man plötzlich wieder Fremden.

Man hustet vorschriftsgemäß und dabei kann man, fast lautlos, ein »Wir wollen hier keine Fremden« rausröcheln. Nein, das ist wirklich zu lang um es in die Armbeuge zu husten, aber Abstand sollte der Neue vom Alten schon halten. Das kann man auch durch einen langen, stechenden Blick zum Ausdruck bringen, unterstrichen durch das Ausspucken der eigenen infektiösen Rotze auf den Boden. So als Warnung.

Die mittlerweile übliche Begrüßung in Ö ist ein freundliches: »Bleibet Se weg.«

Dieses Mal also Ö.

Ohne allzu verächtlich gegenüber ländlichen Gebieten klingen zu wollen, möchte ich behaupten, dass es in Ö sehr wahrscheinlich während C nicht viel anders ausschaut als vor C. Mehr wie 2 Menschen auf einem Haufen, wird es hier nur am einzigen Büdchen, welches nach Ladenschluss noch Bier ausgibt, gegeben haben. Ansonsten bleibt man unter sich, grillt im eigenen Garten und grüßt über eine hohe, gepflegte Hecke den weit genug entfernten Nachbarn.

Doch während der Rest der Öinger nun im von öffentlichen Stellen nahegelegten Hausarrest ihre schlechter werdende Laune an den Kindern und Haustieren auslässt, ist meine Stimmung konstant gut. Nicht zuletzt liegt dies daran, dass ich im Gegensatz zu anderen, sinnvolle Dinge gehamstert habe. Hamstern ist nicht unbedingt das passende Wort. Aber da einkaufen hier in Ö (vor und nach C) das einzige Freizeitvergnügen darstellt, sammeln sich zwangsläufig Dinge an, die man so schnell gar nicht wegkonsumieren kann. Dadurch ist mein Vorrat an Alkohol groß genug, um auch die langweiligste Lage, sei es nun C oder Ö, geistig gesund zu überdauern.

Mehr Sorge bereitet mir da mein Äußeres. Denn ich glaube nicht, dass es stimmt, wenn der Gesundheitsminister sagt, dass man kaum einen Unterschied wahrnehmen könne, wenn man sich die Haare selber schneidet anstatt zum Friseur zu gehen. Ich habe es versucht und trage bei der Arbeit nun eine selbstgestrickte Mütze. Richtig, selbstgestrickt. Ich habe nämlich den Rat von Experten beherzigt und die Zeit, die mir nun so reichlich zur Verfügung steht, genutzt, um endlich die Dinge zu tun, zu denen ich nie kam. Ich bin mittlerweile recht gut im Stricken. Meine Fensterscheiben in den angemieteten Wohncontainern sind sauber und ich mache seit neuestem ganz passable Gemüsemaultaschen. Beim Ausbau meiner bisher brachliegenden Fähigkeiten, sehe ich die Krise eindeutig als Chance.

Da ich nun in der Lage bin, meine Zeit sinnvoll zu verbringen, stört es mich auch kaum, dass ich mit meinen Kollegen in einem viel zu engen Quartier zusammengepfercht bin. Normalerweise würden wir abends wohl draußen grillen, um der Enge zu entkommen. Denn Grillen ist so neutral und universell, dass man es mit jedem noch so langweiligen Menschen machen kann. Allgemeinplätze über Grillgut und die dazugehörige Biersorte sind ungefährlich. Man sollte eben nur nicht zu vegetarisch daherkommen, um es in so einer aufgeladenen Situation nicht zu einer Eskalation kommen zu lassen.

Na ja, Aber sie wissen es bereits. Grillen ist auch nicht mehr erlaubt.

Apropos Eskalation.

Einer solchen bin ich jüngst nur knapp entgangen. Der Auslöser war der Umstand, das ich mit meinen systemrelevanten Kollegen in einem unerlaubten Vierergrüppchen zum Einkaufen gegangen bin. Wurde dieses Verhalten erst nur mit Missbilligung bedacht, wurde die Empörung deutlicher je näher wir dem Stadtzentrum (nennen wir es Kaufland) kamen und kulminierte schließlich in Zusammenrottung von verschiedenen Zweiergruppen, die sich bereits ihre Einmalhandschuhe überzogen, um uns an die Abstandsregelung zu erinnern. Glücklicherweise trauten sie sich dann doch nicht nah genug an uns heran.

So gelang es uns mit einem frisch verseuchten, undesinfizierten Einkaufswagen, ohne den man seit gestern nicht mehr in einen Supermarkt eingelassen wird, unsere Besorgungen zu erledigen.

Seitdem habe ich wieder genügend Süßigkeiten, Chips und Alkohol und werde damit auch diese kontaktarme Woche unbeschadet überstehen.

Heiko, geselliger Misanthrop

Sowohl, als auch…

Corona lässt mir mehr Zeit als sonst in meinem großen Parkgarten zu wuseln, zu sähen, zu gestalten, aufzuräumen und so weiter. Besuche in Seniorenheimen, die ich sonst wöchentlich mache, sind untersagt. Ebenso darf ich meinen Enkelsohn nicht betreuen. Er vermisst mich, ich vermisse ihn.

Der Frühling zeigt sich von schönster Seite. In der warmen Nachmittagssonne genieße ich mit den Nachbarn draußen Tee und Kuchen – alles mit gebührendem Abstand natürlich.

Zum Geburtstag meiner Tochter machten wir einen ausgedehnten Waldspaziergang. Tochter bestand darauf, dass ich in 4 Meter Abstand von ihnen vorweg gehe. Enkelsohn wurde stets dazu angehalten, Abstand zu mir, seiner Oma, einzuhalten. Nicht leicht für ihn, nicht leicht für mich. Der abschließende immunstärkende Ingwertee nebst den vom 6-jährigen Enkelsohn frisch gebackenen leckeren Muffins wurde auch draußen in großem Abstand genossen. War trotzdem schön.

Kontakte mit Familie, Freunden, Freundinnen werden über die Sozialmedien intensiver und noch mehr als sonst gepflegt. Alte Freundschaften leben auf. Alleinlebende haben angesichts von Ausgangseinschränkungen Bedürfnis nach Gesprächen und emotionalem Austausch. Erinnerungen an gemeinsame Erlebnisse leben auf, werden nachbereitet. Mein Telefon, mein Mail- und WhatsApp-Account werden oft bis spät in die Nacht aktiv und ausgiebig genutzt. Jeder erzählt, möchte wissen, schickt Videos, erzählt von Ängsten, möchte sich beruhigen, möchte mich beruhigen, fordert aufzupassen … Und fast jeder Kontakt endet mit dem gegenseitigem Wunsch: »Bleib bitte gesund!«

Ich verfolge tagtäglich – oft mit Schrecken – die

rasante Ausbreitung des Virus in meinem direkten Umfeld, in Deutschland und weltweit. Ich habe auch Verwandte, Bekannte und Freunde außerhalb Deutschlands; in Italien, Spanien, England, USA, Australien … bin mit allen in regem Kontakt. Ich führe Tagebuch und verfolge täglich den »Drosten-Podcast« und die Nachrichten.

Freundinnen nähen fleißig »Nasenkleider« (so nennt eine der Näherinnen diese Schutzmasken). Das Geld, was sie dafür bekommen, spenden sie. Andere bieten Nachbarschaftshilfe an. Wieder andere entwickeln kreative Ideen – sei es nun praktische Alltagshilfe, kunstvolle musikalische oder auch literarische Beiträge … Die Not scheint bei vielen längst verschüttete, verborgene Talente und Fähigkeiten wieder zu beleben oder gar neu zu erwecken.

Auch die Politiker sind nicht zu beneiden. Sie müssen sich täglich neu orientieren, Entscheidungen treffen, sich Kritiken aussetzen … Haben sie zu spät, zu früh gehandelt. Was für elementare, nachhaltige Auswirkungen hat diese Coronakrise auf die Wirtschaft, wie organisiert und hilft man den großen und kleinen Betrieben, wie hält man das kulturelle Geschehen lebendig, wer wird den Bauern bei der anstehenden Ernte helfen, wo bekommt man Schutzkleidung her …? Leider gibt es trotzdem – wenn auch wenige – in meinem Umfeld, die von übertriebener Panikmache reden und nicht bereit sind, sich an derzeit nötige Verhaltensweisen zu halten.

Ich wünsche mir sehr, dass diese schwere Zeit lang anhaltende großartige, positive Nachwirkungen zur Folge hat – auf allen Ebenen und für uns alle!

Gertrud, die an der Ems lebt

Poesie

So fühlt sich Gegenwart an,
wenn die Vergangenheit verzweifelt über die
Zukunft bangt.

Cem, nur ein Poet

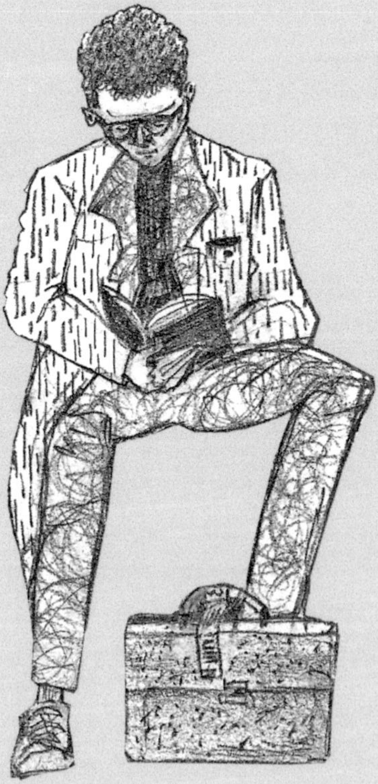

Ganz Ehrlich

Im Mikro-Welten -Kompost
sind wir keine Helden Formate

die sich
nur im Licht
bewegen würden

Christian, Typist & Slam Poet

La bambina e la verità

Oggi, in una città qualunque c'è una casa dove vive una famiglia. Una bambina siede davanti alla finestra nella sua stanza qualunque e guarda fuori. Vorrebbe uscire a giocare al sole con i suoi amici ma non può perchè sa che fuori c'è un piccolissimo mostro cattivo che farà del male a lei e ai suoi genitori. Questa è una cosa difficile da capire per una bambina ma la mamma le si è seduta vicino e lentamente ha provato a spiegarglielo, senza dire bugie e senza raccontare storie. Spiegare la verità a una bambina che prova a capire. Forse questo mostro cattivo ci sta facendo un favore. Forse sta aiutando le mamme del mondo a trovare le parole per dare spiegazioni ai bambini, che sicuramente proveranno a capire. Da oggi in poi forse potremo spiegare ai bambini altre cose.

Potremo spiegare che nella nostra casa e nostra stanza qualunque, siamo ricchi perchè ci sono 7 miliardi di persone che vivono in una stanza più piccola in una casa meno confortevole. Che questa ricchezza non è solo un privilegio ma anche una responsabilità e dovremo provare in futuro a usarla meglio di come abbiamo fatto finora. Perchè quelli che vivono in stanze piccole e scomode sono quelli che coltivano la verdura e raccolgono la frutta, che puliscono, cucinano e cuciono i vestiti. Che tutte queste persone camminano sulla nostra stessa terra, respirano la nostra stessa aria, accarezzano i fiori come noi. Dividiamo con tutti loro le risorse e il destino di un unico pianeta. E se riusciremo a spiegarlo ai bambini forse saranno loro a costruire un futuro migliore per tutti. Nel futuro migliore i mostri cattivi non nascono.

Bruno, Arquitecto y camplíder

Das Mädchen und die Wahrheit

Heute, in einer Stadt in einem Haus wohnt eine Familie. Ein Mädchen sitzt vorm Fenster in ihrem Zimmer und schaut hinaus. Sie möchte mit ihren Freunden in der Sonne spielen, aber sie weiß, dass da draußen ein kleines, böses Monster ist, das ihnen wehtun wird. Das ist für sie es schwer verständlich. Doch ihre Mutter versuchte es ihr sanft und neben ihr sitzend zu erklären, ohne Lügen und Geschichten. Bemüht einem kleinen Mädchen, das zu verstehen versucht, die Wahrheit zu erklären. Vielleicht tut uns dieses böse Monster einen Gefallen. Vielleicht lässt es die Mütter der Welt Worte finden, um den Kindern, die versuchen werden, all dies zu verstehen, Dinge zu erklären. Vielleicht können wir den Kindern nun auch andere Dinge erklären.

Wir können erklären, dass wir in unserem bescheidenen Haus, und Zimmer, reich sind. Denn 7 Milliarden Menschen leben in einem kleineren Raum in einem unkomfortablerem Haus. Dass dieser Reichtum nicht nur Privileg, sondern auch Verantwortung ist und wir in Zukunft versuchen müssen, diese besser zu nutzen. Denn die, welche in kleinen, ungemütlichen Räumen leben, sind die, welche Gemüse anbauen, Obst pflücken, putzen, kochen und Kleidung nähen. Dass all Jene auf unserem Land gehen, unsere Luft atmen, Blumen streicheln wie wir. Wir teilen die Ressourcen und das Schicksal eines einzigen Planeten. Und wenn wir dies den Kindern erklären können werden sie vielleicht eine bessere Zukunft für alle aufbauen. In der besseren Zukunft werden keine bösen Monster geboren.

Bruno, Architekt und Campleader

Trading Alaska for an Escape Inside

I first heard of it when I was working as a guide in Iceland. We cancelled our group of Chinese participants in order to stay safe. My colleagues worried and spent hours talking about it. I thought it was no big deal. Months later, back in Minneapolis, I had emptied my apartment and was ready to move out to the last frontier. A quick visit to my parents' led to a month-long stay; no chance to say goodbye to my boyfriend.

Schools, Restaurants, Churches, Movie theaters, Beaches, National parks closed. We ordered groceries online for delivery. Take-out is an enormous treat. My dad who has battled lung cancer in years past tries to find masks , to stay safe if we have to go out. My mom cleans all groceries outside with bleach before we can bring them into the pantry and refrigerator. Neighbors meet at the end of their driveways to chat and share a beer. Children ride bikes and wave to their friends through windows. Retired ladies sew masks with scrap cotton, to send to our community members . Everyone celebrates the warm sunny days when it is warm enough to sit out and enjoy.

My anticipation of a season of adventure in Alaska has passed. I'm no longer challenging myself to experience the outdoors in new ways, but to stay indoors and to cultivate relationships digitally. I hope that soon we will have a cure for the disease. I hope that we will continue to find time to be home when this all ends. I hope that we will never forget how much we need the human connection. Soon we will be able to hug our friends, to paddle our canoes, and to celebrate life. Until then, we will stay home.

Courtney, Adventurer

Eine Flucht nach drinnen statt Alaska

Ich arbeitete als Leiterin in Island als ich es hörte. Wir sagten aus Vorsicht den Teilnehmern aus China ab. Meine Kollegen sorgten sich und redeten nur darüber. Ich dachte es sei keine große Sache. Monate später, zurück in Minneapolis räumte ich meine Wohnung leer und war bereit für die »letzte Grenze«. Doch stattdessen verbrachte ich einen Monat bei meinen Eltern ohne meinen Freud sehen zu können.

Schulen schlossen. Restaurants. Kirchen. Kinos. Strände. Nationalparks. Wir lassen uns die Einkäufe liefern. Ausgehen ist exklusiv. Mein Dad, der mit Lungenkrebs zu kämpfen hatte, sucht nach Masken zum Schutz für draußen. Meine Mom putzt alle Lebensmittel mit Bleiche bevor sie in Vorratskammer und Kühlschrank kommen. Die Nachbarn plaudern auf ihrer Auffahrt und trinken Bier. Kinder winken ihren Freunden vom Fahrrad durchs Fenster. Alte Damen nähen Masken aus Fetzen für unsere Gemeinde. Jeder freut sich über sonnige, warme Tage; wenn man draußen sitzen und das Wetter genießen kann.

Meine Vorfreude auf ein Abenteuer in Alaska ist abgeklungen. Die Welt da draußen ist keine Herausforderung mehr, sondern die Beziehungen auf digitaler Basis. Ich hoffe, wir haben bald ein Heilmittel für die Krankheit. Ich hoffe auch, wir nehmen uns weiterhin die Zeit für das Zuhausesein, wenn das alles endet. Vor allem aber hoffe ich, wir vergessen nie, wie wichtig menschliche Verbindungen sind. Bald werden wir wieder unsere Freunde umarmen, unsere Kanus rudern und das Leben zelebrieren können. Doch bis dahin bleiben wir zuhause.

Courtney, Abenteurerin

Zur Natur von Corona

Ich habe schon immer die Natur bewundert, wie sie versucht, ihren selbstsüchtigen, rücksichtslosen zweibeinigen Hauptfeind zu bekämpfen und wenigstens sein numerisches Wachstum im Zaum zu halten. Sie kommt gegen seine perfide Kreativität hinsichtlich der Ausbeutung ihrer Ressourcen sowie der Zerstörung und Versauung der Umwelt nicht an, aber sie tut ihr Bestes, ihm Knüppel zwischen die Beine zu werfen und ihn ab und an erkennen zu lassen, dass er eigentlich ein kleiner Wurm ist.

Zunächst war dies relativ einfach: eine gelegentliche Pest- oder Choleraepidemie oder die treffenderweise Schwindsucht genannte Tuberkulose wirkten Wunder und zeigte den Menschen ihre Grenzen auf. Straphylo-, Gono- und andere -kokken erfreuten sich Jahrhunderte lang eines fröhlichen, wirksamen Daseins.

Doch der Feind wurde schlauer, Spielverderber wie Louis Pasteur, Robert Koch, Paul Ehrlich und ihre Zunftgenossen ersannen Hygiene, Penicillin, Antibiotika und Impfstoffe. Der Geniestreich der Spanischen Grippe brachte zwar noch mal rund 50 Millionen Tote, bei 1,65 Milliarden Weltbevölkerung ein schöner Erfolg von über 3 Prozent, aber auch gegen die Influenza entwickelten die Feinde der Natur einen Impfstoff, und viele Jahre später ging der Versuch mit etwas schwächlichen Variationen wie Schweine- und Vogelgrippe sozusagen voll daneben.

Nach der Spanischen Grippe, die gegen Ende des 1. Weltkriegs zu grassieren begann, konnte sich die Natur kurz zurücklehnen, weil die Menschen selber ihre Reduzierung sehr effizient in Angriff nahmen. Der 1. Weltkrieg hatte immerhin

17 Millionen Tote gebracht, der 2. schon 60 Millionen. Atombomben berechtigten zu den schönsten Hoffnungen, 2 davon töteten direkt und indirekt eine Viertelmillion Japaner.

Aber: Die Bevölkerung wuchs stattdessen gnadenlos weiter, in Asien und Afrika fast exponentiell, und auch ihre geophysikalischen Maßnahmen wie Erdbeben, Vulkanausbrüche, Tsunamis und Flutkatastrophen halfen der Natur nur unwesentlich, hatten eher psychologische Effekte. Da war die Verbreitung von HIV wesentlich wirkungsvoller; Sie brachte einen respektablen Schwung von bisher etwa 40 Millionen daran Verstorbenen, aber auch dagegen fanden die Menschen Schutzmittel und Medikamente.

Dauerbrenner wie Malaria und die normale Influenza leisten zwar jedes Jahr einen kleinen Beitrag, aber selbst bei so genialen Ideen wie Ebola musste die Natur einsehen, dass durch Abschottung eine Ausbreitung vermieden werden konnte. Affenfleisch muss man ja auch nicht essen.

Im Kampf gegen ihren Feind Homo Sapiens kann sich die Natur aber trotzdem auf Hilfe von Völkern, denen Protein in jeder Form als Nahrung willkommen ist, fest verlassen. Das SARS-Virus aus der Familie der CORONAVIREN war ein schöner Testballon: Es stammt entweder von einem seltenen Tier namens Larvenroller aus der Familie der Schleichkatzen der einer Hufeisennase genannten Fledermaus, die etwas gemeinsam haben: Sie gelten als Delikatesse und werden in chinesischen Küchen verarbeitet. Die Übertragung auf andere Lebensmittel ist vermutlich durch Kakerlaken geschehen, um die appetitliche Sequenz zu vervollständigen. Der durchschlagende Erfolg von SARS blieb allerdings aus, aber jetzt: CORONA. Die Krone. Bisher eher als mexikanisches Bier geschätzt, hat Corona als COVID-19 eine neue, für Menschen furchterregende Bedeutung bekommen, und jene stehen diesem Strafstoß der Natur ziemlich hilflos gegenüber. Bis 23.3.2020 zwar erst 14.000 Tote, aber wir sind ja erst am Anfang. Sie hat wieder etwas aufgeholt, und wir haben gute Gründe, Werte und Gewohnheiten in Frage zu stellen. Falls wir dazu noch Gelegenheit bekommen.

Hasko, skeptischer Optimist

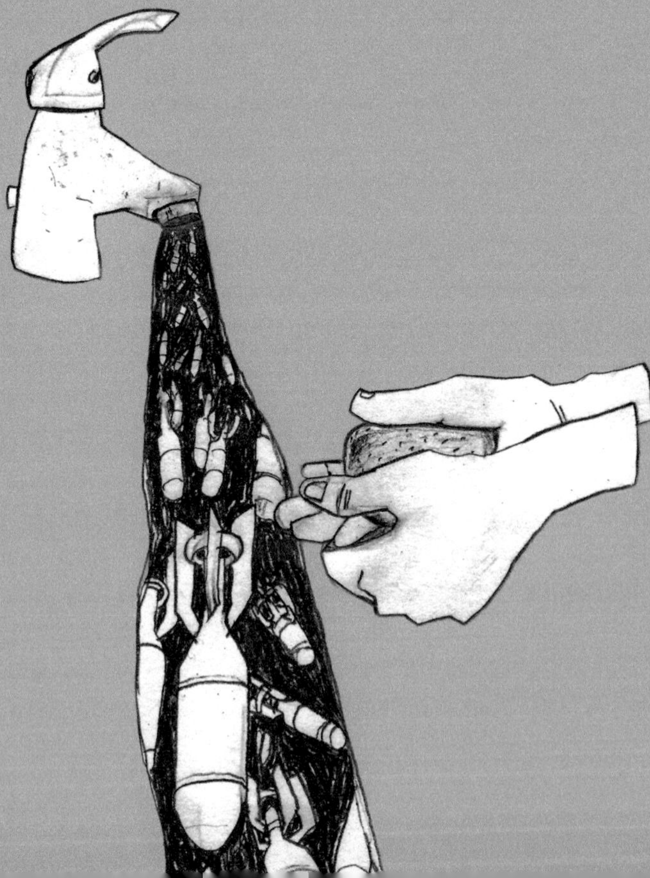

Standpunkt

Yes, Corona wird die Welt verändern, wir werden noch viel erleben, das so originär, so wahnsinnig, so deprimierend, so begeisternd sein wird wie das, was Deine Großeltern und meine Eltern vor über 70 Jahren erleben mussten oder durften.

Ja natürlich, die wirtschaftliche Lage ist im Moment für die meisten unvergleichlich viel besser, aber die heutige soziale Kälte und die derzeit erzwungene Einsamkeit durch *Social Distancing* ist viel grausamer als das soziale Ambiente nach dem Krieg.

Das Beifallklatschen auf dem Balkon ist niedlich, kostet ja auch nichts, aber die meisten sind sich selbst noch immer der Nächste und Geiz ist noch immer geil.

Vielleicht hilft COVID-19 ja dabei, das zu ändern.

Hasko, skeptischer Optimist

Weisser Text

Ich bin schuld an COVID-19 (Name der Krankheit)! Zumindest würden abergläubische Menschen das sagen. Aber SARS-CoV-2 (Name des Virus) hatte auch spürbare Effekte auf mein Leben gehabt. Erneutes: aber! Um das zu verstehen, muss man erst mal begreifen, wie durcheinander mein Leben zu diesem Zeitpunkt war. Wo soll ich nur anfangen zu erzählen, hmm … Okay vielleicht hier:

Mein lieber Mitbewohner und Hauptmieter zog mit seiner Freundin ins Zimmer nebenan ein, Vollzeit, 24 Stunden, gefühlte 10 Tage die Woche. Denn neben ihrer eigenen Anwesenheit hat es einer der schwimmmotivierten Gameten (Keimzellen) meines Mitbewohners geschafft, in die Eizelle seiner Freundin hineinzuschießen und durch Neuverstrickung von haploiden Chromosomen und etlichen Zellteilungen ein schreiendes Etwas zu fabrizieren, das zu meinem Glück kaum schreit – na immerhin. Für mich bedeutet das ganze Dilemma, als unterwürfiger durch den Berliner Mietmarkt schon als Leibeigener fühlender Untermieter: Kündigung, gepaart mit der ohnehin anhaltenden Jobsuche. Besonders bitter, ich habe die beiden zusammengebracht, also im Nachhinein mich quasi selbst rausgeworfen. In Anbetracht meiner unsicheren Berufs- und Aufenthaltsperspektive machte lediglich eine WG Sinn, denn die Berliner Hausverwaltungen hatte jüngst beschlossen, das unter 2 Jahre Mindestmietdauer nichts geht. Mir blieb also nichts anderes übrig, als weiterhin meinen Kühlschrank zu teilen und mich dem Putzplan zu unterwerfen. Es bleibt die Frage, wie es eigentlich zu meiner momentanen Arbeitslosigkeit kam? Nun, nach 5 wunderschönen Monaten Südamerikareise und der Erfüllung eines Traumes kam ich zurück, sozusagen vom Paradies, unter Umgehung der Traufe direkt in die Scheiße.

Und genau hier kommt auch der Grund warum ich an COVID-19 schuld bin! Denn eines funktioniert bei diesem Traum gar nicht. Ich versucht nämlich schon seit 3 Jahren Salsa zu lernen und ich dachte, bei Rückkehr meiner Abenteuer ein geübter Tänzer zu sein! Kuchenpuste!

Schon davor reihten sich die Gründe, die mein Salsawirken in nicht Verwirklichen führten. Zum Beispiel Knieprobleme, ausfallende Kurse, Niedrigwasser in der Spree oder eine Salsapartnerin, die gestorben ist. Also nicht gestorben gestorben mit tot sein und so, sondern nur für mich gestorben, also eher ist sie aus meinem berliner Leben geschieden und in Richtung Italien von dannen gezogen, aber das ist eine andere laaaange Geschichte.

Nun also zurück dazu, warum ich also schuld am Leiden der Welt bin. Ich hatte mir nämlich zum gut gerutschten 2020 vorgenommen, Salsa zu lernen und sagte so etwas wie: Dieses Jahr müsste schon eine globale Katastrophe passieren, um mich von meinen Plänen abzubringen. Also an alle Astrolog/innen, heiligen drei König/innen und andere Sternenanbeter/innen, ich war es! Die Inversmenge stimmt mir sicherlich zu, was für ein unglaublicher Zufall dieser Kometeneinschlag in das Immunsystem vieler Wuhan-Chines/innen und dann viele nicht Wuhan-Chines/innen und dann viele nicht Chines/innen, sondern so gut wie alle Menschen und dann traf es sogar die Ärmsten der Armen. Also nicht die, welche unter der Aufgabe der Menschenrechte in Europa leiden, die Flüchtlinge im Camp Moria. Die sind arm dran. Aber was sind die, gegen die Amerikaner, die den Spring-Break kaum noch genießen konnten! So zumindest nahmen oder nehmen das viele US-Amerikaner wahr.

Und jetzt? Home Office, Wohnungssuche, gepackte

Umzugskisten, da die Zeit drängt, WG-Skype-Castings, obwohl der gewünschte neue Wohnort nur zwei Häuser weiterliegt, androhender Internetmangel, da der Router einen wohnungsverlassenden Besitzer hat und der übliche Kampf ums Klopapier. Darüber hinaus Angst um meine Eltern, da ein Elternteil mit der Post einen Arbeitgeber hat, der in Sachen überspringenden SARS-CoV-2 Viren nicht zu beglückwünschen ist. Toll, solche Chefs, die denken, um die Situation mit COVID-19 zu besprechen, sei es gut gefühlte 200 Mitarbeiter in einen Raum zu packen und sie über Maßnahmen vom Schutz gegen COVID-19 zu informieren (das war Mitte März). Aber wer weiß, vielleicht ist das Herdenimunitätsstrategie vor dem wichtigen Weihnachtsgeschäft.

Zurück zu mir. Mein Liebesleben wurde durch die 1,5 Meter Abstandsaxt sauber in weit auseinander liegende Scheitel gespalten und ich vegetiere jetzt als ein Einzelner davon, einsam im Gras und gucke zur Sonne … Und gucke … Und gucke … Da eignet man sich über Jahre Eigenschaften an, in dominanter, respektvoller und vertrauensvoller Stimmung, ein gemeinsames Liebesspiel zu einer sinnlichen Ektase zu treiben und jetzt sind das Seiten im Buch der Erinnerungen, auf dem gefühlt schon Staub ansetzt oder ohne blumige Prosa gesagt, ich werde hier langsam rattig in meinem Loch.

Aber nun mal zum Punkt gekommen (nicht der Höhepunkt, sondern thematisch gedacht): Was da passiert mit COVID-19 macht mir Angst, um mich, um die Zukunft, um das Gleichgewicht, um meine Eltern und um mehr. Am schlimmsten finde ich, den China-Effekt. Die Totalüberwachung der Bürger unter Einschränkung der menschlichen Grundrechte, führt allem Anschein nach zu einem vollen Erfolg gegenüber Corona. Nicht nur, das China seine Werke mit als erster wieder anwirft:

Es ist zu erwarten, dass es in der westlichen Welt auch noch länger dauern wird und dann mal sehen, wo das alles hin- und wegführt. Und wer hier dann von wem abhängig ist. Die Karten scheinen neu gemischt. – Bin ich gerade wirklich von »Fifty Shades of Grey« in Sachen meines persönlichen Sexlebens zu NATO-Propaganda in nur zwei Sätzen gewechselt? –

Warum mir das Angst macht? Chinas Modell hat Erfolg und um mithalten zu können, wird man diesen Erfolg kopieren wollen. Ich rechne mit großer Propaganda und anschließend dem Verlust vieler Bürgerrechte. Ich muss hier aber klar betonen, dass ich Dinge nur aus der europäischen Sicht sehen kann, die sicher sehr manipuliert ist. Dies betone ich so sehr, weil ich dank vieler internationaler Kontakte weiß, dass ich nichts weiß.

Und was mir auch Angst macht, ist der Schaden an der Natur. Feiert ruhig, wie die Umwelt aufblüht, nichts ahnend, dass mit dem Wirtschaftsabsturz zugleich, zum Wiederaufbau dieser der Umweltschutz der erste sein wird, der geopfert wird. Schiff ahoi, volle Fahrt voraus, Klimawandel wir kommen!

Na ja, aber bei all der Kolonial-Weiß-Malerei, gibt es tatsächlich auch positive Effekte. Eine Bilanz etlicher Skype-Gespräche mit Freunden in fernen Ländern, die ich sonst nie ins Rollen gebracht hätte. Mehr Geld im Briefbeutel, weniger in der Cocktailbar ums Eck und das Wissen um viele Zuhausebleiber, die sich virtuell vernetzen. Und ich werde auch nicht ganz so verrückt, wie ich es durch Einsamkeit erwartet hatte. Ich mache dann mal an dieser Stelle Schluss, denn im Hintergrund läuft gerade das Triangelsolo meiner Lieblingsband und dazu reite ich normalerweise mit meinem Einhorn durch die Wohnung. Bis denn dann.

Lutz, Landgraf

Bitte Abstand Halten

Generation Corona,
Eine menschliche Co Produktion,
Statt flottem Leben,
Rasantes Ableben.
Und nun gilt:
Couch und Cola,
Statt *Coming home later*
Von Ort zu Ort sind wir gehetzt,
Das Bewusstsein ausgesetzt.
Erst von Sinnen,
Um zu besinnen,
Um zu erkennen,
Dass nichts in der Welt,
Die Welt,
Aufhält.

V. C., versteckt aber noch
nicht verreckt

Poesie

Erst wenn fremd zum Freund
und Feind zu fremd wird,
wird aus Ich und Mir,
ein Uns und Wir.

Cem, nur ein Poet

Einkauf mit Hamster

Den Satz »Ich lasse mich nicht verrückt machen« habe ich noch nicht ganz zu Ende gedacht, als ich im Supermarkt sehe, dass kaum noch Zucker und Mehl im Regal stehen. Und außer einer Palette eingedellter Dosen serbischer Bohnen- oder Zwiebelsuppe mit dem extra Pfiff sieht das Bord

mit den verkochten Fertiggerichten auch mehr als übersichtlich sortiert aus.

»Das liegt sicher daran, dass gerade neu eingeräumt wird«, versuche ich mir einzureden, während eine kräftige, dauergewellte Frau einen tonnenschweren Wagen mit Ravioli Diavoli vor sich herschiebt und irgendwie nicht danach aussieht, als ob sie einen fröhlichen, italienischen Abend für sämtliche Jahrgänge der VHS Italienisch-Kurse organisieren wollte.

Dazu passt aber der zweite Wagen mit den 80 Rollen Klopapier nicht. Obwohl, wenn man so viel scharf Gewürztes isst, macht diese Kombi durchaus Sinn.

»Ich habe ohnehin ein paar Kilo zu viel und könnte notfalls fasten. Daher mache ich den Punk nicht mit« , höre ich meine rechte Gehirnhälfte denken, während meine Linke überlegt, wieviel Prozent Alkohol Doppelkorn haben muss, um das ausverkaufte Desinfektionsmittel ersetzen zu können. Egal – ein Flachmann mit 80-prozentigem Rum für die Handtasche ist auf jeden Fall nicht weg. »Sie baden gerade ihre Hände darin«, sagte schon Tilly die proppere Topmaniküre vor 50 Jahren.

Irgendwie arbeitet mein Körper heute nicht wirklich top koordiniert, denn ich frage mich gerade, wer einen Schwung überteuerter Einweggläser mit schwabbelndem, eingemachten, farblosen Schnirtjebraten in meinem Einkaufskorb deponiert hat. Ein Blick auf das Haltbarkeitsdatum sagt mir, dass sich das tote Zeug bis Ende 2021 hält und, wenn man es genau nimmt, könnte mir die Anschaffung gepaart mit einer Grabbelkiste unverderblicher Multivitamintabletten das Gefühl vermitteln, ich hätte für alle Fälle was im Haus.

Dazu könnte ich auch noch mehrere Säcke Kartoffeln mitnehmen, müsste allerdings an dem strubbeligen Herrn vorbei, der das mit der Nieß- und Hustenetikette noch nicht richtig umsetzt.

Da der Virologe heute früh im Radio erklärt hat, dass eine Virenwolke mindestens 5 Minuten in der Luft bleibt, halte ich den Atem an und starte zu den Hygieneartikeln durch. Den Gedanken, ob sich Damenbinden als Atemschutz eignen, wenn man sie mit Isolierband unterhalb der Ohren festklebt, verwerfe ich und nehme stattdessen noch reichlich vorhandenen Kümmelextrakt und etwas billiges Raumspray mit, um gewappnet zu sein, wenn meine Familie tatsächlich sieben Tage auf die restlichen Vorräte der serbischen Bohnen zurückgreifen muss, die ich nun doch noch in meinem Wagen deponiert habe.

Nun muss ich nur noch eine Kasse finden, an der weder ein Asien-, noch ein Italienreisender oder ein Karnevalist steht und schon ist für fast alles gesorgt.

Es ist eben wichtig, auch in Krisensituationen stets besonnen zu bleiben.

Adriane, Slam-Poetin

Was bleibt!

Wiederkehrend
wie in jedem Jahr
öffnen sich die Kirschblüten
mein Herz wird leicht,
es strahlt der Aufbruch,
es wirkt die Abkehr vom Winter.
Und doch ist's in diesem Frühling anders.
Grippepandemie greift weltweit Raum
und definiert den Alltag.
Eine Krise, eine Katastrophe, eine Herausforderung in unbekannter Größe?
Doch fast vergessen sind die Nöte und entsetzlichen Kriege, immer wieder mussten sie geschehen,
das unsägliche Leiden und Morden.
Und danach wurde wieder aufgebaut, gefeiert und geboren;
die Freude der sich öffnenden Frühlingsblüten machte die Herzen leicht
und wieder zogen Soldaten
um die Macht, den Einfluss und die Freiheit zu retten.
Bodenschätze wie Öl, (Lyzium?), Bauxit, Coltran, seltene Erden(?) müssen gesichert werden.
Frühling kam und säte seine Kraft,
seinen Neubeginn,
Kirschblütenregen und tanzende Hummeln
weiter immer weiter zu neuen Taten
zu neuem Reichtum und alter Armut
weiter, neue Kräfte entfesseln,
Atomkraftwerke zerbarsten,
genauso wie die Finanzwelt.

Immer stockt dann kurz das Leben,
ein kurzes Anhalten,
Kurskorrektur und weiter.
Wie in jedem Jahr
öffnen sich die Frühlingsblüten
wir wähnen uns göttergleich
mit unerschöpflicher Geisteskraft
bewältigen wir Krisen, Katastrophen,
Pandemien, Unglücke und Leid
und schreiten weiter
in immer neuem Gewand.
Werte sind im Wandel
versuchen zu halten, zu sichern.
Ich schaue auf die Blüten
und werde still.

Ferdinand, lebend

Des Glückes Unterpfand

Einigkeit und Recht und Freiheit … Danach lasst uns alle streben brüderlich mit Herz und Hand.

Schöne, wahre Worte, die auch nach all der langen Zeit bestand haben sollten und nicht nur in Deutschland. Wir haben 2020 und leider sieht man nicht, dass dieses angestrebte Ziel erreicht wurde. Ob nun in den Herzen der Menschen oder in der Politik. Es herrschen schwere Zeiten und gerade in solchen sollten Zusammenhalt und Einigkeit herrschen. Denn gemeinsam sind wir stark. Das setzt nicht voraus, dass man sich versammelt.

Mit dem Aufkommen des Coronavirus und der Angst zeigen sich leider bei so einigen Bürgern die schlechteren Wesenszüge des Menschen. Angefangen bei dem künstlich hergestellten Klopapier- und Nudelmangel. Entsprungen einzig und allein aus Sorge vor zukünftiger Warenknappheit haben die Menschen begonnen, nur an ihr eigenes Wohl zu denken. Die eigenen Vorratskammern wurden gefüllt. Und so fehlt es plötzlich an entscheidenden Punkten an den wirklich wichtigen Dingen: In meinem Umfeld durfte ich mitbekommen, dass zum Beispiel frischgebackene Eltern keine Windeln mehr bekommen. Es kursieren Nachrichten, dass teils schon in geschlossenen Schulen oder auch Autos eingebrochen wurde, nur um an einige dieser knappen Güter zu gelangen. Wir befinden uns im Krieg, in einem Kampf um Waren, der den Kampf gegen einen Virus nahezu unwichtig erscheinen lässt.

So viel zur Einigkeit unter den Bürgern. Aber was soll der einzelne Bürger auch tun, wenn es bei unseren Vertretern nicht viel anders aussieht. In Deutschland brauen sich die

Bundesländer lange ihr eigenes Süppchen, bis es irgendwann doch zu gemeinsamen Beschlüssen kommt.

Zusammenhalt unter den Ländern fernab der Grenzen Deutschlands sucht man häufig vergebens. Dabei blicken alle derselben Bedrohung ins Auge. Diese Gemeinsamkeit sollte binden statt entzweien. Unter den Ländern wurden Schuldzuweisungen gemacht. Schwer getroffene Mitgliedstaaten der EU kritisieren die fehlende Unterstützung. Sie fühlen sich allein gelassen.

Es wird versucht Wissenschaftler im Ausland abzuwerben, um die Herstellung eines Gegenmittels im eigenen Land zu fördern. So viel zur Einigkeit in der Politik. Im Kontrast zu den Bürgern stehen die Mitbürger, welche die ganze Situation auf die leichte Schulter nehmen. Es haben sich nicht nur trotz, sondern gerade wegen der Pandemie Menschen versammelt. Coronapartys wurden veranstaltet, um der Gefahr ins Gesicht zu lachen.

Dieses Recht wollen sich die Menschen nicht nehmen. Sich selbst einer Gefahr auszusetzen mag das gute Recht des Einzelnen sein, aber damit gefährden sie nun mal das Wohl der Masse. Was also tun?

Auch nachdem die Bestimmungen zur Eindämmung des Virus verschärft wurden, sehe ich noch vereinzelt Menschen in Grüppchen. Genauso gibt es Personen, die es humorvoll finden, vor Fremden ein starkes Husten zu simulieren und dabei keinen ausreichenden Abstand einhalten. Da man nicht zur Risikogruppe zähle, scheint die Situation für einige entspannt zu sein. Jeder sei sich selbst der Nächste, bis wir allein dastehen. Da sind wir bei dem Recht. Manchmal muss das Recht des Einzelnen für das Gemeinwohl und Recht des Ganzen zurückgestellt werden.

Ein Anhalten der COVID-19 Pandemie gefährdet nämlich ein grundlegendes Recht aller: das Recht auf Freiheit.

Die Freiheit zu verlieren und somit langfristig in Quarantäne zu verweilen, dürfte für die meisten mit einer der größten Sorgen darstellen. Wenn sich die Situation nicht bessert und es auch weiterhin kein Mittel gegen das Virus gibt, bleibt wahrscheinlich kein anderer Weg als die Bestimmungen weiter zu verschärfen. Die aktuelle Situation bedeutet bereits in vielen Bereichen Stillstand.

Darunter leidet die Wirtschaft. Ich mag mich nicht darauf verlassen, dass bei einem langfristigen Anhalten der Pandemie der Staat als Auffangbecken für die am Rande des Abgrunds stehenden Unternehmen dienen kann. Dies trifft dann auch den Einzelnen, viele wurden bereits in Kurzarbeit geschickt oder mussten sich arbeitslos melden. Und so wird auch unser Planschbecken, unser allzu gutes, vermeintlich sicheres System zur stürmischen See des Überlebens ohne Rettungsring.

Zuzüglich ist eine langfristige Isolation ebenso wenig förderlich für die Mentalität des Menschen; wir sind nun mal soziale Wesen. Die Kommunikation per Sprachanruf, Textnachricht und Videochat kann zur Überbrückung hilfreich sein, aber auf lange Sicht fehlt doch der persönliche Kontakt. Ich bemerke es bereits bei der Arbeit in den eigenen vier Wänden. Mir fehlt es meine Kollegen im Büro zu sehen, beiläufig zu kommunizieren.

Diese Pandemie zu überstehen, ist eine Aufgabe, der wir uns alle gemeinsam stellen müssen. Jeder Einzelne muss seinen Teil dazu beitragen, indem er sich einige Wochen einschränkt. Einige Wochen sind besser als einige Monate. Wir sollten uns gegenseitig dazu ermutigen und ermahnen, sich an die Bestimmungen zu halten. Wir sollten uns das Ziel setzen, diese Phase in den Geschichtsbüchern als Zeit der Einigkeit brüderlich mit Herz und Hand eingehen zu lassen. Nur halt weniger Hand und mehr Abstand – aus Anstand und Respekt vor dem Risiko.

Angebote wie Nachbarschaftshilfe im Rahmen der Corona-Krise sind Taten, die dafürsprechen, dass jede dunkle Zeit auch seine kleinen Alltagshelden hervorbringt, die von Einigkeit zeugen. Das zeigt mir, dass es auch Menschen gibt, die doch die Einigkeit hochhalten.

Zu den Alltagshelden zählen für mich auch die freundlichen Ersthelfer und Kräfte in den Praxen und Krankenhäusern. Aber auch die Beschäftigten in den Geschäften, die noch nicht geschlossen sind. Sie setzen sich durch den ständigen Kontakt einer großen Ansteckungsgefahr aus und haben aktuell viel um die Ohren. Jedes Geschäft, das öffnet und jede Tätigkeit, der wir noch nachgehen können, gibt mir ein kleines bisschen das Gefühl von Normalität. Dafür möchte ich mich persönlich bedanken: *Teşekkür ederim*.

Eine positive Sache, die ich aus dieser Zeit mitnehme, ist es, dass ich für uns selbstverständliche Freiheiten viel mehr zu schätzen weiß. Wie zum Beispiel die kleinen, ganz schlichten sozialen Kontakte, die Möglichkeit frei zu reisen und allerhand Dinge zu unternehmen. Die Mittagspausen mit Arbeitskollegen auf die ich sonst eher verzichtet habe, um eher Feierabend machen zu können, scheinen mir nun wertvoller denn je. Ich habe mir bereits vorgenommen diese Freiheiten nach dem wir diese schwere Zeit überstanden haben, viel mehr auszukosten. Ich möchte Neues ausprobieren, fremde Menschen kennenlernen, alte Gesichter wieder treffen und reisen.

Außerdem wird mir persönlich wieder klar, dass auch ohne eine solche Krise nicht alle Menschen selbstverständlich solche Freiheiten genießen dürfen. Wir sollten zu schätzen wissen, was wir haben und andere unterstützen, denen es nicht so gut geht.

Abschließend möchte ich dazu anhalten: Lasst uns nicht in Zustände verkommen, welche Kriegszeiten gleichen. Es soll, nicht heißen »Rette sich wer kann« , sondern »Helft denen, die nicht können.« Lasst uns weiterhin anstreben, Einigkeit und Recht und Freiheit zu bewahren.

Yasin, von der Schwarzmeerküste gestrandet an der Nordsee

Verwandlung

Seitdem ich mich erinnern kann, war ich immer ein fröhlicher, lebensbejahender Mensch. Ich hatte unzählige Freunde, war den ganzen Tag unterwegs und freundlich zu meinen Mitmenschen. Ich wusste, für mich gibt es keine Hindernisse. Ich trieb viel Sport, ging auf Partys oder ins Kino und hatte viele Freundinnen. In meiner kargen Freizeit schrieb ich ein wenig, zeichnete, machte Musik – ich war vollkommen ausgelastet und dabei glücklich, weil ich wusste, dass ich gut bin und Talent habe. Nun ja, etwas hat sich verändert. Sonst würde ich jetzt nicht hier sitzen und mühevoll einzelne Worte in mein Notizbuch kritzeln.

Überraschen wird es nicht, dass ich mich in den letzten Wochen in meiner Wohnung eingeschlossen habe und zu einem Einzelgänger geworden bin. So unwahrscheinlich es für Leute, die mich kennen, auch klingen mag – ich bin nicht mehr sonderlich am Leben dort draußen interessiert. Ich gehe nicht mehr ins Büro (ich arbeite bei einer Versicherung; die Arbeit macht mir keinen Spaß, aber sie bringt Geld), nicht mehr in Kino oder Theater. Es ist nicht möglich. Und ich treffe meine Freunde nicht mehr, auch nicht die, die ich schon Ewigkeiten kenne. Stattdessen sitze ich nächtelang über dieses Notizbuch gebeugt und schreibe. Schon seit langer Zeit kann ich nicht mehr schlafen, und ich fühle mich krank. Würde ich nicht schreiben, wüsste ich nicht, was ich mit meiner Zeit anfangen soll.

Meine Veränderung setzte unmerklich ein, und sie begann wohl damit, dass mir Felice, eine gute Freundin, das Buch »Der Prozess« von Franz Kafka in den Briefkasten legte. Zuerst war ich nicht gerade begeistert, las es aber dennoch, weil ich nicht gerne als ungebildet gelte. Es dauerte eine Weile, aber nachdem ich fertig war, war ich bekehrt, begeistert und beeindruckt – diese Idee, dieser Schreibstil. Und ich bestellte mir alle Bücher von Franz Kafka. »Das Schloss«, »Amerika« oder »Der Verschollene«, »Die Verwandlung«, sämtliche Erzählungen, die Tagebücher, die Briefwechsel, ja, sogar eine Biographie. Mittlerweile hielt mich sogar Felice für verrückt, besonders nachdem ich mir ein Bild von Kafka an die Wand klebte. Sie sagte, ich übertreibe. Ich antwortete: »Was soll's? So bin ich halt.«

Von nun an starrte er mich von einem DIN A4 großen Schwarzweißbild in Porträtaufnahme 24 Stunden am Tag an, mit seinen traurigen, ein wenig schielenden Augen, aus dem unscheinbaren Gesicht mit den abstehenden Ohren und dem sauberen Mittelscheitel, in Anzug und Krawatte gekleidet. Ich behauptete, er diene nur meiner Inspiration, schließlich bewundere ich diesen Mann. Er war schließlich außergewöhnlich gut, ein Genie, ohne es zu wissen. Diese Aussage stimmt auch heute noch, wenngleich er, so absurd es auch klingen mag, der Grund für meine Veränderung ist.

Wie schon erwähnt, ich bin am liebsten für mich allein und schreibe. Ich bemerkte gar nicht, wie unglücklich und frustriert ich mit der Zeit wurde. Es machte mir nichts aus. Ich begann meine Neurosen zu pflegen. Unbewusst bewusst wurde es mir, als ich mir alle möglichen Krankheiten einzubilden begann. Ich war zeitweise der festen Überzeugung, an Corona oder Tuberkulose erkrankt zu sein – ich hustete ununterbrochen, wenn auch grundlos. Außerdem hatte ich panische Angst vor einem Blutsturz. Hinzu kamen diese Schlaflosigkeit und fortwährende Magenbeschwerden. In mein Tagebuch schrieb ich den erschreckenden Satz: »Ich kann mir nicht vorstellen, jemals 40 Jahre alt zu werden. So krank bin ich.« – Ich bin 23, hätte bei einer Online Umfrage letzte Woche mein Alter aber fast mit 41 angegeben. So etwas wäre mir in meinem früheren Leben nicht im Traum eingefallen. Ich stellte mir sogar vor, wie es wäre, das Fenster zu öffnen und hinauszuspringen. Würde mich jemand vermissen?

Die späten Spaziergänge am Abend waren auch so eine neue Betätigung. Natürlich keine völlig absurde, für mich, als der Mensch, der ich mein ganzes Leben war, aber dennoch eine untypische. Auffallend und völlig verrückt war, dass ich unbewusst begann einen leichten Akzent zu sprechen. Mein Freund Max bemerkte bei einem Telefonat, dass ich mich anhöre wie ein Tscheche. Ich wusste nicht, was er meinte, erinnerte mich zu dieser Zeit aber gerade lebhaft an eine Reise nach Prag, die ich in meiner Jugendzeit gemacht hatte. Hinzu kam dieses unwiderstehliche Interesse am Judentum. Ich bin ein Atheist. Ich wollte Diskussionen darüber führen, dachte über Israel und Religion an sich nach, begann Hebräischstudien. Ich überlegte sogar, welche Nahrungsmittel koscher seien und welche nicht und erkundigte mich nach der nächsten Synagoge, wollte nach Israel reisen, beziehungsweise nach Palästina auswandern oder wenigstens nach Berlin. Außerdem spielte ich mit dem Gedanken, bevor ich meine »Träume« verwirklichen konnte, einen Rabbi aufzusuchen. Aber das waren alles nur Gedankengänge. Ich kann sowieso nicht raus …

Wie gesagt, ich schrieb viel in letzter Zeit. Ein paar obskure Geschichten, ansonsten Beobachtungen, Tagebuch, Briefe und Notizen. Ab und an überwand ich mich und schickte Max einige meiner Werke. Er war erstaunt und angetan, während ich unaufhörlich und ungefragt erklärte, dass alles nichts wert und schlecht sei. »Ich sollte es verbrennen«, sagte ich immer wieder, meinen Minderwertigkeitskomplex pflegend.

Sofern ich nachts schlief, träumte ich schlecht. In der einen Nacht glaubte ich, grundlos verhaftet zu werden. In der nächsten träumte ich, dass man mich auf eine futuristische Maschine gebunden hatte, um mich zu foltern und zu töten. Oder ich träumte von bunten Bällen, von Zwillingen, die mich verfolgten und behaupteten, sie wären meine Diener. In der nächsten Nacht glaubte ich, dass meine Eltern mich verstoßen würden, weil ich die Putzfrau geschwängert hatte und dass ich deshalb nach Amerika auswandern müsste. Hinzu kamen Visionen von abgemagerten Menschen in Käfigen, von singenden Mäusen und so weiter und so fort.

Ich war wirklich unglücklich und unzufrieden, registrierte zu diesem Zeitpunkt aber meine offensichtliche Verwandlung noch nicht völlig, obwohl mich einige Leute, die mich aus der Distanz sahen, darauf hinwiesen. Ich begann altmodische Anzüge zu tragen und kämmte mir allmorgendlich einen akkuraten Mittelscheitel ins Haar. So war die Veränderung auch nach außen hin sichtbar. Als Grund für meine fortwährende schlechte Stimmung glaubte ich meinen Vater Hermann zu erkennen. Ich schrieb ihm einen sehr langen Brief, in dem ich ihn beschuldigte; schickte diesen aber niemals ab. Wie sehr ich mich aber wirklich verändert hatte, erkannte ich erst heute Morgen. Als ich aufwachte, hatte ich mich in einen Käfer verwandelt. Es fiel mir sehr schwer diese paar Worte aufzuschreiben.

Marco, nicht verwandelt,
so wie immer

Stimmen aus dem Off

»Habe den Mut, dich deiner eigenen Kreativität zu bedienen.«

V. C., entschlossen

Meine Wahrnehmung

Ich kann mich nicht daran erinnern, wann ich erfahren habe, dass diese Pandemie ausgebrochen ist und viele Menschen getötet hat. Aber ich weiß noch: Ich war total schockiert. Was für eine Gefahr ist das?! Menschen sterben auf den Straßen in China.

Ist das die Macht der Natur?
Ist das ein purer Zufall oder eine globale Verschwörung?
Na ja, das kann alles möglich sein in diesen Zeiten.
Die Medien bemühen sich, uns etwas zu vermitteln.
Nur was?
Und: Warum muss ich nur immer an die Medien glauben?
Warum nicht die Wahrheit selber suchen?
Und wenn, dann wo ?
Im Internet?

Der Welt ging es schon seit Dezember nicht so gut. Oder ging es ihr jemals gut, seitdem der Mensch auf ihr wandert? Schlecht geht immer, fast überall. Dieses Mal wird es aber härter sein und es wird die Wirtschaft zerstören.

Meine Träume? Na ja, mal schauen. Mein Leben war schon hart genug, obwohl ich nicht in Armut groß geworden bin. Aber das wahre Leiden entsteht nicht aus dem Mangel an Dingen, die man mit Geld kaufen kann.

Langsam hat sich das Ganze entwickelt und langsam werde ich mir sicher, dass es nicht aufhören wird. China, Iran und dann Italien. Sie haben es nicht vorhergesehen, jetzt ist es eine bittere Wahrheit.

Ich erinnere mich an vorherigen Aussagen von Ende-der-Welt-Theoretikern. Ist vielleicht schon alles vorbei? Die

Dinosaurier hatten bestimmt auch nicht gewusst, dass ihr Ende längst geschrieben war.

Was soll ich tun?

Wo bin ich?

Ich stehe allein in dieser Welt.

Ich muss mich auf mich selbst verlassen und stark bleiben.

Das habe ich in harten Zeiten gelernt.

Daran werde ich bestimmt nicht scheitern.

Daher muss ich mich organisieren.

Meine finanzielle Lage steuern, dass ich es schaffen kann.

Paaanik und Überlebensinstinkt!!

Ich habe jeden Tag eingekauft und zwar vor allem Reis und Tomaten oder auch Konserven. Ich habe an einen Bunker gedacht, in dem ich meine Reserven in der Zukunft verstecken könnte. Na gut! Zu früh für unnötigen Fantasien! Ich versuche dann tiefer zu atmen und realistisch zu bleiben. Die Leute haben das Klopapier leer gekauft. Ich bin nicht sehr entsetzt deswegen. Ich wasche mit Wasser. Klopapier ist für mich nur ein zusätzliches Hygienemittel. Solche Hamsterkäufe zu sehen, ist aber trotzdem nicht witzig.

Premiere oder Neuadaption von 2. Weltkrieg- Szenarien?

Auf der Arbeit reichen wir uns nicht mehr die Hände.

Wie traurig!

Ich versuche, das Beste aus allem zu machen.

Ich nutze die Gelegenheit zum Fahrradfahren.

Das ist schließlich Sport und das fühlt sich gut an!

Aber: Was ist mit meiner Familie!?

Tunesien, ein so schönes Land,

Regiert von dummen, korrupten Leuten!

Der nächste Punkt:

Italien und Tunesien sind nur 40 km entfernt voneinander.
Ein Erdbeben und Tunesien könnte zu Europa gehören!
Was zur Hölle wird passieren?

Ich rufe meine Eltern an und mach mir Gedanken. Ich wollte meinen Vater davon überzeugen, dass er seinen Laden und sein Geschäft dicht macht. Er war nicht so ganz davon überzeugt. Aber langsam: doch. Meine Schwester hat Tunis verlassen und ist zu meinen Eltern nach Sfax gefahren. Das ist glücklicherweise geschehen, bevor die Regierung strenge Ausgangssperren durchgesetzt hat. Mein liebes Land leert sich und ich kann nichts tun außer vor dem Bildschirm meines Computers zu sitzen und zuzusehen, wie sich die Lage sowohl in Tunesien als auch in Deutschland entwickelt.
Dabei ist schon im Ausland zu leben keine leichte Aufgabe. Man fühlt sich in vielen Situationen einsam. Vor allem, wenn man wenig Ressourcen und Zeit hat. Umso schlimmer wird es, wenn man auf seine kleinen, sozialen Gewohnheiten verzichten muss. Ich entscheide mich dafür, streng zu sein, um zu überleben. Ich gehe fast gar nicht mehr raus. Glücklicherweise darf ich mit meinem Laptop von Zuhause aus arbeiten. Trotzdem habe ich an jedem Tag fast die gleiche Routine.
Was für ein Leben!!! Ich stehe um 6 Uhr auf, gucke auf mein Mobiltelefon, um zusehen, ob ich schöne Nachrichten bekommen habe. Ich mache den allmorgendlichen Sport, gehe duschen und dann fange ich mit der Arbeit an.
Und doch ist es nicht jeden Tag das Gleiche. Ich bin ein Mensch und keine programmierbare Maschine. Ich halte durch und bleibe stark. Ich setze mir mein Ziel vor Augen und lebe Tag für Tag.

Aber ich wage nicht die selbe Dummheit der Menschen – auch in Deutschland. Beim Einkauf sieht man sie, diejenigen, die sich umarmen oder Gruppen, die sich am See treffen. Das ist natürlich alles schön. Im Normalfall. Aber die Lage ist nicht normal. Und genau das scheint manchen Menschen egal zu sein. Das Aufwachen der Vielen passiert erst dann, wenn sie mit der bitteren Wahrheit konfrontiert werden.

Ich bin nicht so ein Typ. Ich bin eher vorsichtig. Meine Familie macht sich ihrerseits Sorgen. Wir lachen gemeinsam und reden und teilen – virtuell auf Facebook. Aber in der Tiefe machen wir uns mit Sicherheit Sorgen um die Unsicherheit. Ich weiß, dass sich meine Mutter fragt, ob wir uns wiedersehen werden … Diese Frage stelle ich mir selbst ebenso. Ich bleibe trotzdem stark und versuche meine dunklen Gedanken loszuwerden, um mich auf mich selber zu fokussieren.

Ich hoffe, dass es besser wird.

Die Hoffnung allein ist nur ein Wort oder ein Gefühl.

Die Wahrheit definiert sich in dem, was man tut. Bei einem tödlichen Virus ist dies vielleicht anders. Da ist Hoffnung vielleicht die einzige Realität, die wir gerade wagen können.

Hichem, der Träumer

Frühling, ganz anders …

Karton verpackt
Gefühle verschickt
Saite angeschlagen
kein Ton zu hören
Straßengeflüster
weggefallen
Bilder im Kopf
Rechtspopulismus
nicht mehr systemrelevant – zum Glück
Frühlingssonne
jeder, für sich
in Gedanken aber
ganz nah
die Ich-AG
verschoben
Geflüchtete
endlich abholen
reiches Land
arme Gedanken
aber
Hoffnung.

Josef. Weltumträumer

Lagerkoller

Um mich herum entwickelt sich bei sonst respektablen Menschen so etwas wie ein Lagerkoller und seit ich höre und lese, dass deswegen vor häuslicher Gewalt (auch sexueller Natur!) gewarnt wird, schaue ich meiner Gattin etwas ängstlich entgegen, wenn sie mit ungewohnt energischem Schritt in die Küche kommt und fragt, wo denn der Kaffee bleibt und wie weit ich mit Spargelschälen bin. Bisher ist aber alles gut gegangen. Ich darf auch die Wohnung kurz für den Einkauf notwendiger Lebens- und Reinigungsmittel verlassen, wenn es nicht zu lange dauert, darauf freue ich mich immer besonders.

Ich achte dann bei den anderen Kunden im Supermarkt sehr genau auf pandemisch korrektes Verhalten und nehme ihnen, wenn es sein muss, freundlich, aber bestimmt ihre Hamsterübermengen wieder ab, stelle sie zurück ins Regal. Durchsichtige, faule Ausreden wie »Ich habe einen 6-Personen-Haushalt« oder »Ich kaufe für mehrere alte Leute ein« lasse ich natürlich nicht gelten und bleibe standhaft. Wenn die Flasche von Marktleiter sich nicht um die Einhaltung von Vorschriften kümmert, muss es halt jemand anderes machen!

Natürlich weise ich auch, wenn nötig, rücksichtslose Kunden auf ihre mangelnde Distanz an der Kasse hin. Das kommt nicht bei allen gut an, aber auch hier lasse ich mich nicht beirren, auch nicht von diesem brutalen Flegel, der mir mit seinem Ellenbogen fast die Nase gebrochen hätte, als ich ihn am Ärmel zupfte, um ihn etwas zurück zu bugsieren. Einer muss doch für Ordnung sorgen, oder nicht?

Gar nicht verstehen kann ich, warum der Marktleiter mich laut und sehr barsch aufgefordert hat, bloß nicht wiederzukommen, nur weil ich der Kassiererin demonstrieren wollte, wie sie ihre mangelhafte Sitzposition und Kopfhaltung korrigieren muss, um sich und die Kunden besser vor Infektion zu schützen. Einfach albern, für 20 Sekunden hätte sie mich doch nun wirklich auf ihrem Stuhl Platz nehmen lassen können, finde ich. Die beiden Polizisten hatten aber wenigstens Handschuhe und Mundschutz an.

Wie gesagt, der Lagerkoller macht die Menschen aggressiv und ich fürchte, es wird noch schlimmer kommen. Morgen werde ich mal in der Unfallklinik nach dem Rechten schauen, denn beinahe wäre ich mit meiner fast gebrochenen Nase dort gelandet und ich möchte schon wissen, wie man dort mit mir umgegangen wäre. Wer weiß, das kann ja noch kommen, wenn die Menschen um mich herum ihren Lagerkoller ausleben, gell?

Hasko. skeptischer Optimist

Der Schatz

Alles ist gut –
man muss es nur
falsch einzuschätzen
wissen.

Martin, Schauspieler

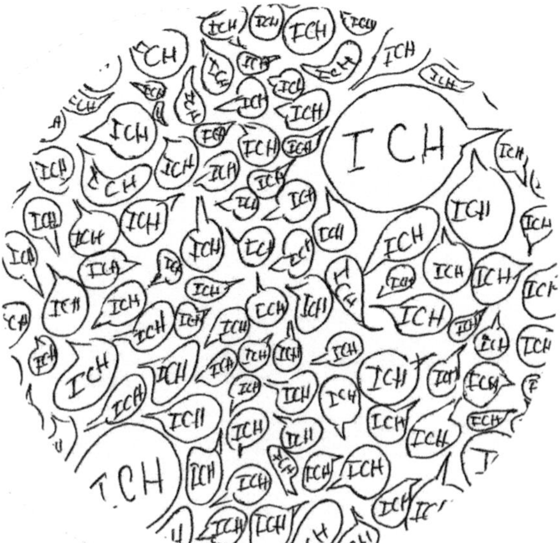

Vielleicht fürs Beste

Bis zum Anfang dieses Jahrs warst du nur eine Biersorte, der man aus dem Weg zugehen hatte.
Jetzt zwingst du mich dazu, allem aus dem Weg zu gehen.
Panik vor Türklinken, obwohl ich eigentlich Türen durchschreiten möchte.
So bald »ziehen« drauf steht, zögere ich.
Und dann kamen sie, die Halbwissenden.
»Das kommt alles, weil die Schlitzaugen Fledermäuse essen.«
»Na ja, nicht ganz.«
»Doch, doch die essen ja auch Hunde.«
»Was hat das damit zu tun; das ist deren Kultur.«
»Und ich hab' gehört der China hat den Virus freigesetzt.«
»Echt jetzt?«
»Klingt beides wahrscheinlich.«
Doch am Ende des Tages geht es darum, wie kam die Fledermaus denn auf den Tisch? Und warum gibt es Menschen, die Fledermäuse essen?
Und warum stehen wir mit China in so einem Zwist?
Diese Katastrophe betrifft uns alle.
Asien, Europa und den ganzen Rest.
Wir sollten die Chance nehmen, um NEUES zu schaffen
und systematisch DAMIT weiter zu machen.
Den Weg der Fledermaus zu erleuchten, will ich mir an dieser Stelle nicht nehmen.
Eigentlich wie bei jeder Katastrophe *are we the ones to blame.*
Wir dringen in Wälder ein, roden sich brach, um Palmbäume zu pflanzen, um weiter zu essen.
Wir kriegen den Hals schon seit Jahren nicht voll und dringen weiter in die unberührte Natur.

Dies sind Virenstämme und Bakterienkulturen, die sich schon seit Urzeiten viel schneller entwickeln als wir es je aufhalten könnten.
Wir misshandeln Mutter Erde seit Jahren
Und jetzt kriegen wir's halt mal zurück.
Doch es liegt an uns, dieses Desaster zu lenken und zurückzufinden zu unserem Glück.
Was in der Zukunft solche pandemische Zustände verhindert, ist glaube ich nicht schwer zu verstehen.
Nachhaltigkeit und Einklänglichkeit
zwischen Mensch und Natur – ein altes neues System.

Jules, in Noten

BUNTEN & BINNEN

und dann
fällt
der Schnee
und OMA
trinkt
Tee

Christian, Typist & SlamPoet

Realitätscheck-Haiku

Die Wohnung geputzt.
Nun noch sich selbst aushalten.
Gleich nach Netflix-Binge.

Annika, Autorin, Slam-Poetin,
Kabarettistin, fröhlicher Mensch

Der Rat

Du hast mir einen Rat gegeben.
Dein schwacher Rad rollt mir
von einem Ohr zum andern.
Hinaus hinweg ade.

Martin, Schauspieler

Une deuxième chance

Je n'ai jamais vu le monde se réunir comme ça.
En effet, cela n'arrive pas seulement aux autres mais cela peut arriver à n'importe quel monsieur,madame et mademoiselle.
Ce que les guerres, religions et économies ont divergé, Corona à réunifié.
Un fléau qui s'est propagé au monde, insouciant des différences qui nous ont séparées.
La toux et les éternuements sont des symptômes courants, disentils.
Restez à la maison, portez des masques, mettez des désinfectants.
Et couvrez-vous la tête.
Ne vous inquiétez pas du rhume.
Restez calme, sûr et courageux.
Les armées vertes et blanches se battent.
Pour les résultats et le vaccin nous attendons.
Ne vous précipitez pas dans l'achat fou.
Pensez aux autres qui meurent.
C'est une pause pour que notre planète respire.
Alors ne grincez pas les dents.
Les rues vides et les marchés fermés est certainement triste à voir.
Mais souvenez-vous que c'est une question d'être ou de ne pas être.
Tout sera fini et se calmera.
Nous tiendrons à nouveau la main et marcherons côte à côte.

Rayhane, voyageuse

Eine zweite Chance

Ich habe noch nie gesehen, wie die Welt so zusammenkam.
In der Tat passiert es nicht nur anderen, sondern jedem Herrn und einer jeden Frau.
Was Kriege, Religionen und Wirtschaften abgespaltet haben, hat Corona vereint.
Eine Pest, die sich auf der Welt ausgebreitet hat, ohne Rücksicht auf Unterschiede, die uns mal getrennt haben.
Husten und Niesen sind häufige Symptome, sagen sie.
Bleibt zu Hause, tragt Masken, setzt Desinfektionsmittel ein.
Und bedeckt eure Köpfe.
Stresst euch nicht wegen einer einfachen Erkältung.
Bleibt ruhig, sicher und mutig.
Grüne und weiße Armeen kämpfen.
Auf die Ergebnisse und den Impfstoff warten wir.
Eilt nicht in verrückte Einkaufe.
Denkt an andere, die sterben.
Es ist eine Pause für unseren Planeten, um Luft zu holen.
Knirscht also nicht mit den Zähnen.
Leere Straßen und geschlossene Märkte sind mit Sicherheit traurig zu sehen.
Aber denkt daran, dass es um das Sein oder Nichtsein geht.
Alles wird vorbei sein und nachlassen.
Wir werden wieder Hände halten und Seite an Seite gehen.

Rayhane, Reisende

Corona – Ein Virus oder ein Neustart?

Unwirklichkeit, Angst, Vermissen, Liebe, Nächstenliebe, Langeweile, Putzen, Zueinanderfinden. Diese Worte sind nur ein Bruchteil derer, die man in dieser Zeit immer wieder im Kopf hat. Corona. Ein Virus, weit weg in China. Doch jetzt ist er nah, gleich um die Ecke, genau vor der Haustür. So viele Nachrichten. Falsche und wahre. Was soll man glauben? Ich sitze am Fenster und schaue hinaus. Leer ist es geworden. Keine Kinder die kreischen und spielen, keine Leute, die mit vollen Taschen vom Shoppen kommen.

Und dann bemerke ich es. Diese Ruhe, die Vögel zwitschern lauter als zuvor. Die Bäume und Sträucher tauchen ihre Blätter in ein frisches Grün. Ich atme tief ein und mir wird bewusst, die Natur hat diese Auszeit gebraucht. Für sie kam es gerade recht. Keine Klimadebatte und keine Klima-Demonstration hätte dies geschafft. Es war ein klitzekleiner Virus, der alles verändert hat.

Und jetzt: Die Kinder sind aufgestanden. Der Stress geht los, denn nun ist es Zeit für Schule. Aber nicht wie sonst: Sie frühstücken, ziehen sich an, schnappen sich ihre Rucksäcke und ab zur Bahn. Nein!

Im Schlafanzug an den Tisch, die Aufgabenzettel der Lehrer dabei. Heute ist Schule zuhause. Anders, für manche eine große Herausforderung, vor allem für die Eltern, die neben ihrem Job nun auch noch Lehrer sein müssen, aber es funktioniert. Irgendwie. Alle rücken zusammen. Der Große hilft dem Kleinen, die Mama dem Papa, der Papa den Kindern und die Kinder der Mama.

Manchmal wird es eng. Man geht sich auf die Nerven, doch im Endeffekt sind wir alle wieder mehr zusammen gewachsen. Der Haushalt wird zur Familiensache. Kochen darf auch jeder mal. Außer der Hund. Gut, wenn man einen hat. So darf man jeden Tag an die frische Luft. Das tut gut, denn sie ist wirklich frisch. Anders als sonst, wenn täglich zig Fahrzeuge und Flugzeuge unterwegs sind. Wir gehen auch zur Oma. Nicht wie sonst, so selbstverständlich. Mit Bedacht. Ohne sie geht es nicht.

In dieser Zeit stellt sich eine besondere Frage. Was ist schlimmer? Die Eltern und Großeltern durch Abstinenz schützen, oder mit großer Vorsicht gerade jetzt für sie da zu sein? Für uns ist es klar. Wir schützen und sind trotzdem da.

Und trotz dieser surrealen Zeit und einer gewissen Angst vor jedem neuen Tag mit diesem bösen Corona, glaube ich fest an das Buch des Schicksals. Und ich hoffe inständig, dass all meine Lieben auf den nächsten Seiten nicht zu finden sind.

Wir fahren zu unserem Garten, in unsere kleine heile Welt. Dort ist sie noch, wie sie vorher war. Bevor dieses böse nanowinzige Ding alles verändert hat.

Ich mache die Augen zu und atme ein. Und jedes Mal wünsche ich mir, dass das alles wieder vorbei ist. Dass die Kinder wieder frei spielen können, die Enkel zu den Großeltern dürfen, die Familien ins Pflegeheim, die Freunde zueinander. All das und eins besonders. Die herzliche Umarmung von Menschen, die einem lieb sind. Ohne Angst, sondern frei und glücklich. In diesem Sinne: bleibt gesund, wir schaffen das. Zusammenhalt wie bei den Musketieren, dass ist das Einzige was im Moment zählt.

Julia, aus dem Musketierverlag

Es war einmal ...

Es war einmal vor nicht allzu langer Zeit eine wundersame Spezies namens Mensch, die auf einem Planeten lebte, der durch ihr Tun dem Untergang geweiht war. Die Menschen hatten diesen Planeten erobert und da sie der mächtigsten, intelligentesten, aber auch räuberischsten Lebensform angehörten, konnten sie sich ungebremst vermehren und nahezu jeden Winkel der Erde für sich beanspruchen.

Einst lebte der Mensch im Einklang mit dieser wunderschönen Welt, die einen Platz und eine wichtige Aufgabe für jeden ihrer Bewohner hatte, sei er noch so winzig. Zunächst schien es, als fügte sich der Mensch wunderbar in dieses Gleichgewicht ein, doch die Gier nach Reichtum, Wissen und Macht entbrannte in ihm und mit der Erfindung von Maschinen und Industrie wurde die Menschheit immer hungriger nach technischen Errungenschaften und Energie.

Immer mehr entfremdete sich der Mensch von der (Mutter) Natur und ging schließlich selbstsüchtig an ihre Ressourcen und beutete sie aus. So wurde der einst so schöne und saubere Planet Erde mit seinem perfekten Ökosystem geradezu rücksichtslos zugrunde gerichtet.

Müllberge, vor allem Plastik, besudelten die Meere und ganze Landstriche. Sie verdreckten den Lebensraum unendlich vieler Arten von Lebewesen. Waldbrände zerstörten Flächen so groß wie ganze Länder und der Schadstoffausstoß von Fabriken und Fahrzeugen verschmutzte mancherorts so stark die Luft, dass nicht einmal mehr die Farbe des Himmels zu sehen war.

Das Klima dieser Welt veränderte sich rapide, was dramatische Folgen hatte. Dürren und Stürme,

Überschwemmungen und Plagen, durch Insekten waren die Folgen.

Die Regenten, Machthaber, Diktatoren, Regierungen und Königshäuser, die über die einzelnen Länder der Erde herrschten, versammelten sich, um Lösungen zu finden, doch außer gut gemeinten Versprechungen kam nichts dabei herum. Der Klimawandel und somit das Ende dieser schönen Welt war nicht mehr aufzuhalten. Doch dann passierte etwas, womit niemand gerechnet hatte. Ein kleiner Virus namens COVID-19 sollte die Welt retten.

Zunächst breitete er sich in der chinesischen Stadt Wuhan aus, doch dort blieb er nicht lange. Von Mensch zu Mensch breitete er sich aus und schaffte es so in kürzester Zeit die gesamte Erde zu bevölkern. Kein Land, keine Provinz, nicht einmal das abgeschiedenste Örtchen konnte sich vor ihm schützen.

Die Menschen reagierten unterschiedlich auf diese neue Bedrohung. Manche Menschen reagierten gar nicht. Andere hingegen mutierten zu Hamstern und deckten sich mit den skurrilsten Lebensmitteln und Hygieneartikeln ein. Leider war der Ernst der Lage auch vermeintlich großen Staatschefs nicht sofort klar, was sie mit vielen Todesopfern bezahlten.

Doch irgendwann taten alle das Gleiche und es wurde ruhig auf dem Planeten. Die Menschen sollten zu Hause bleiben. Flugzeuge blieben am Boden. Schiffe im Hafen und der Verkehr nahm um mehr als die Hälfte ab. Die Erde kam zum Stillstand. Die Erde atmete durch. Die Erde holte tief Luft und als sie ausatmete geschah etwas Wundervolles.

Noch nie seit der Industrialisierung war der Himmel so blau und die Luft so klar. Es dauerte nur wenige Wochen, doch die Folgen waren gigantisch.

In einer chinesischen Großstadt erschrak sich ein kleines Mädchen, als es das erste Mal in ihrem Leben das Blau des Himmels sah. In den Großstädten wurde die Luft so rein das selbst seltene Insekten und Vögel zurückkehrten und auch die dort lebenden Menschen endlich wieder richtig durchatmen konnten.

Das Meer profitierte ebenso. Die Fische vermehrten sich fast explosionsartig, da sie nicht mehr von Fischernetzen gejagt wurden. Wale schienen die Küstennähe mehr zu suchen denn je. Delfine schwammen in die Häfen und bedankten sich scheinbar spielerisch bei den Anwohnern für die stillgelegte Schifffahrt. Die Lunge dieser Erde, der Regenwald, atmete ebenfalls durch, denn kein einziger Waldbrand entfachte.

Was jedoch das Erstaunlichste war, war das Wetter. Die Temperaturen schienen sich anzugleichen. In ausgetrockneten Gebieten ergoss sich langersehnter Regen und das Klima dieses wundervollen Planeten normalisierte sich in schwindelerregender Zeit. Hätte die Erde eine Stimme gehabt, so hätte sie sicherlich laut gelacht vor Freude.

Nun fragt man sich zu Recht, was mit den Menschen sei? Haben sie daraus gelernt? Ja, haben sie, man glaubt es kaum.

Familien lernten das Familienleben neu zu schätzen. Der Puls der Zeit fiel in einen gemütlichen Ruhemodus. Betriebe, die Ihre Angestellten während der Krise per Homeoffice arbeiten ließen, behielten dieses Modell für Familienmütter und -väter bei. Der Fokus der Welt hatte sich verändert. Eine neue Welt war entstanden mit einem neuen, umsichtigen Bewusstsein.

Auch die Mächtigsten dieser Welt bemerkten, dass es wichtigeres gab als Macht und Geld, denn auch sie hatte das

Virus nicht verschont. Es zwang sie zusammenzuarbeiteten und auch wenn es den einen oder anderen erstaunte, sie taten es unwahrscheinlich gut. Missgunst, Hass, Gier oder was auch immer sie bisher angetrieben hatte, um Kriege zu führen: Es war nicht länger von Bedeutung. Sie alle hatten Verluste erlitten und gelernt, in tiefster Not, zusammenzuhalten und Streitigkeiten zu begraben. Nur so konnten wirklich alle Ressourcen dieses Planeten genutzt und die schlausten Köpfe gefunden werden, um schließlich ein Heilmittel und eine Impfung zu entwickeln, die dann ohne Profitgier an alle Überlebenden verteilt wurde.

So überlebte die Menschheit diesen kleinen Virus, der so gefährlich war, dass es die mächtigste Lebensform in die Knie zwang und gleichzeitig den Planeten vor der Selbstzerstörung rettete. Und wenn sie nicht in alte Verhaltensmuster zurück gefallen sind, dann leben sie noch heute friedlich zusammen.

Zascha, leicht futuristisch

Notiz

"Wie gewonnen, so coronnen.«

Heiko, geselliger Misanthrop

Der Hochstapler

Ein Märchen aus schwierigen Zeiten

Es war einmal ein Mann, der hatte bis weit in seine mittleren Jahre Kisten gestapelt: große und kleine, schwere und leichte, volle, leere, stabile und zerbrechliche, Kisten jeder Form und Farbe, Kisten von fern und nah. Davon hatte er sehr starke Arme, einen klaren schätzenden Blick aus seinen blauen Augen und ein breites Kreuz bekommen. Er hatte in wechselnden Häfen und Fabriken der Welt gearbeitet und war zufrieden. Aber als die Kräne, Gabelstapler, Hebebühnen und Computer immer größer und schneller wurden, bekam er schließlich keine Stapelaufträge mehr, nirgendwo, und die wenigen Freunde, die er in der Heimat hatte, zogen auch nicht mehr so oft um. Daraufhin begann er in seiner kleinen Wohnung Fotos, CDs und Klopapierrollen zu stapeln, Pullover und Handtücher, Dosen, Mehl und Zuckerpackungen. Er stapelte Metall, Gerätschaften, Bretter und Werkzeug in seiner kleinen Garage, aber das war alles schnell erledigt. So kam der Mann immer mehr aus der Übung, suchte Arbeit, fand aber keine.

Nachdem er wirklich sehr lange zu Hause geblieben war, ging er eines Morgens zum Arbeitsamt. Dort musste er Stunde um Stunde warten, Fragen beantworten, Formulare ausfüllen, mehrere Male wiederkommen und dann wurde er als Aushilfe in den städtischen Kindergarten geschickt. Was er dort als Aushilfe solle, fragte er die freundliche Mitarbeiterin des Arbeitsamtes, er würde alleine leben und überhaupt. Das wüsste sie auch nicht so recht, erwiderte diese mit Blick auf ihren Bildschirm, aber in Zeiten von schlechter Wirtschaft müsse man halt nehmen, was kommt. In dem städtischen Kindergarten, der in einem sozialen Brennpunkt lag, flog das Personal ein und aus wie die Tauben, die im selben Stadtteil lebten. Aber das sagte die freundliche Mitarbeiterin dem Mann nicht.

Der machte sich nun mit klopfendem Herzen und einem großen Fragezeichen im Kopf auf den Weg. Schon von weitem drang ihm ein ohrenbetäubender Lärm entgegen. Die stellvertretende städtische Kindergartenleiterin empfing ihn kurz an der Tür, sagte irgendetwas in zwei oder drei Sätzen unter ihrer randlosen Brille hindurch und schob ihn mit einem aufmunternden Nicken weiter. Im Gruppenraum wimmelte es von spielenden, tobenden, lachenden, weinenden, streitenden, rangelnden Kindern in einem Gewirr von Sprachen, Geräuschen und Tönen, und irgendwo mittendrin schlug eine heiser geschriene Erzieherin die Hände über dem Kopf zusammen. Die Kinder sollten verdammt nochmal aufräumen, das hätte sie ihnen schon hundertmal gesagt, wirklich, und nun das, erklärte sie dem Mann. Er müsse sofort übernehmen, und überhaupt bräuchte sie jetzt endlich eine Pause und eine Tasse Kaffee. Und flugs war sie verschwunden.

Als die Erzieherin nach einer Viertelstunde, zwei Tassen Kaffee und drei hastig gerauchten Zigaretten notgedrungen zurückkehrte, traute sie ihren Augen nicht: Mucksmäuschenstill war es im Gruppenraum geworden, ordentlich und sehr übersichtlich, denn der Mann hatte, so wie es seine Art war, erst die Spielsachen und dann alle Kinder fein säuberlich in kleinen Gruppen in der Raummitte aufgestapelt: die großen Kinder ganz unten, die mittleren in der Mitte, die kleinsten als Turmspitze. Alle atmeten äußerst vorsichtig, um das schöne Gebäude nicht gleich wieder zum

Einstürzen zu bringen. Bis unter die Decke waren sie aufeinandergestapelt und höher, wäre das nur möglich gewesen. Und sie strahlten. Woraufhin die Erzieherin gleich wieder die Hände über ihrem Kopf zusammenschlug und einen unerwartet heftigen Hustenanfall bekam, der das schöne Gebilde rumpelnd in sich zusammenkrachen ließ. So ginge es einfach nicht, krächzte sie, ganz bestimmt nicht, was er sich bloß dabei gedacht habe, Kinder seien doch keine Obstkisten, keine Massenware. Jetzt müsse sie auch noch die Kinder sortieren, die sich über- und untereinander aus dem Riesenknäuel herauswühlten, wie solle sie das bloß den Eltern erklären, viele von denen verstünden ja nicht so gut Deutsch. Sie schickte den Mann wieder nach Hause, er solle auf gar keinen Fall wiederkommen. Das wiederholte sie dreimal ganz entschieden. Der Hochstapler fand allerdings, so wie er gebaut hatte, sei es am allerpraktischsten gewesen. Deswegen stapelte er mit ruhiger Kraft die ganzen Kinder, die das alles sehr komisch fanden, noch einmal bis unter die Decke auf. Als Krone setzte er die zeternde Erzieherin ganz nach oben auf den schwankenden Turm.

»Ordnung muss sein!«, sagte der Mann.
Und dann er ging er nach Hause.

Herbert, Logopäde

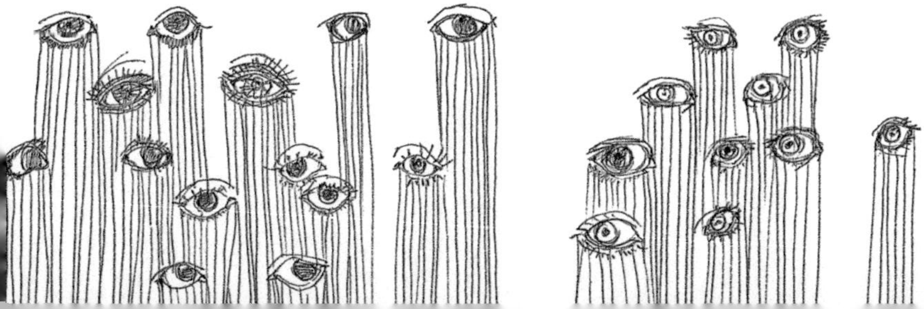

Meine Social Distance Segensworte

Der März 2020 war für mich, wie für alle Menschen ein großer Einschnitt und eine riesige Herausforderung. Ich bin Pfarrerin in einer Stadt an einer Kirche. Ich liebe meine Arbeit und die Kontakte zu den Menschen mit denen ich zu tun habe. Den Besuch, eine Umarmung, ein tröstendes Wort, nahe zu sein in den schweren Situationen unseres Lebens aber auch so viel Schönes teilen zu dürfen. Das Kind mit Wasser zu benetzen, um es zu taufen, den Segen durch Handauflegung den Brautpaaren zuzusprechen oder die Konfirmandinnen und Konfirmanden zu segnen. Der anderen geistlichen Dimension unseres Lebens einen Raum zu geben.

Und nun: Nichts davon darf ich tun. Ich muss den direkten Kontakt meiden. Wir schließen unsere Kirchen, sagen Gottesdienste ab, schieben die Konfirmationen hinaus und verzichten auf Ostergottesdienste in der Kirche. Die Beerdigungen finden nur noch im engsten Familienkreis und unter freiem Himmel statt. Für viele Angehörige eine gravierende Einschränkung beim Abschied nehmen von ihren Liebsten. Ich darf keine Besuche mehr machen und niemanden tröstend in den Arm nehmen. Unvorstellbar!

Doch dann: Wir wurden erfinderisch – wie so viele. Gut, dass es Telefon und Internet gibt. Auf einmal entwickeln wir zusammen online Angebote. Das Kirchenradio wird gehört wie selten. Unser YouTube-Kanal »Johanneskirche Oldenburg« wird immer öfter angeklickt. Wir entwickeln Formate von kurzen Andachten, die wir ins Netz stellen und finden Vergnügen an dieser Arbeit. Und wir stellen vor die verschlossene Kirchentür ein Kreuz mit einem ewigen Licht.

Darüber eine Leine mit Segensworten. So haben wir eine kleine Außenkapelle. Menschen auf dem Weg zur Cloppenburger Str. bleiben stehen, Kindergartenkinder suchen jeden Morgen unser Kreuz auf – ein tröstliches Zeichen in unruhiger, angstbester Zeit.

Wenn ich diese Worte schreibe – Ende März – weiß ich noch nicht, wann diese Beschränkungen aufhören. Ich hoffe von Herzen, dass die meisten Menschen relativ unbeschadet durchkommen und weiß doch von Vielen, dass die wirtschaftliche Situation für sie mehr als belastend ist. Das versetzt mich in große Sorge. Auch die Erkrankten haben Angst und müssen dadurch – das kann ihnen niemand abnehmen. Und ich schließe gerade sie alle in unseren Gebeten ein. »Gott, heile diese Welt.«

Susanne, Pfarrerin

An den Dichter

Herzeigenes
Herzeigen

Blasiertes
Bleibenlassen

Nierezitiertes
Zitieren

Armseliges
Armutszeugnis ver
Hintern

Martin, Schauspieler

Übergänge

Immer länger sind die Tage
zwischen Rast und Apathie.
Demut oder neue Pläne?
Kreativ in Quarantäne?
Hier kommt Lyrisches zur Lage,
Poesie zur Pandemie.

Martin, Schauspieler

Ein Reisebericht

Ich war am 9. März eigentlich recht frohen Mutes mit einer Freundin zu einem lang gebuchten Urlaub, einer »Studienreise« durch Nordzypern gestartet, wo wir äußerst freundliche Aufnahme fanden in einem Hotel direkt am Meer. Das sehr vage Wissen um Corona machte uns zu dem Zeitpunkt noch absolut keine Sorgen. Man hatte davon gehört, klar, natürlich auch mitbekommen, was da so in China und auf diversen Kreuzfahrtschiffen abgelaufen war. Aber Sorgen machte sich nicht wirklich jemand von unserer bunt gewürfelten, sehr interessierten Gruppe. Wir unternahmen zunächst auch ausgesprochen gute Informationsfahrten durch das Land und sahen seine Schönheit, vor allem seine Geschichte sowie die Kultur.

An einem Mittwochabend allerdings wurde es das erste Mal etwas ernst, als es hieß, dass wir nicht in das vorher gebuchte Hotel fahren könnten, weil es inzwischen wegen Corona geschlossen sei. Zu dem Zeitpunkt gab es höchsten zwei oder drei angebliche Fälle, aber plötzlich waren die Deutschen, die das Virus ja eventuell eingeschleppt hatten, nicht mehr wirklich willkommen.

Natürlich vertrauten wir unserem Guide Hakan, der sich in stundenlangen Telefonaten während der ebenfalls Stunden dauernden Busfahrten bemühte, seine Studienteilnehmer adäquat unterzubringen. Angst? Nee, hatte bis dahin noch niemand. Alle waren sehr relaxed und dann auch wirklich zufrieden mit der neuerlichen Unterkunft, die wir bis zum Ende des »Urlaubs« beziehen durften.

Da ich jedoch von Natur aus auch eine schreibende Bürokratin bin, hatte ich mir ein Heft von zuhause mitgebracht, worin ich die Teilnehmer der Gruppe sich einzutragen bat, falls es irgendwelche Spätfolgen bezüglich der Reise geben würde, gegen die wir dann gemeinsam hätten vorgehen können. Denn – klar doch – Corona war mir mit so einigen Gefahren schon bekannt, jedoch nicht ernsthaft in Erwägung gezogen .... Trotzdem.

Am Donnerstag gab es noch einen sehr stürmischen Ausflug zum »Pfannenstil« der Insel mit sehr viel Regen, Gewitter und Wind. Beeindruckend das dort besuchte Kloster mit all seinen Innen-Schönheiten und Außen-Ärmlichkeiten. Ja, ein Wallfahrtsort. Anders eben als bei uns zuhause ... Der Freitag sah uns vor vielen verschlossenen Türen, und am frühen Nachmittag wurde alles weitere abgesagt; auch die Tour für Samstag nach Nikosia. Und wir hörten, dass Busse mit Touristen inzwischen sogar mit Steinen beworfen wurden. Soweit die Informationen stimmten, gab es wohl zu dem Zeitpunkt mal höchstens zwei oder drei Infizierte auf Zypern ...

Die Angst der Menschen jedoch war deutlich zu sehen – oder war es einfach das Nachahmen der anderen? Etliche trugen inzwischen Masken, wo wir noch nicht mal dran dachten, das auch zu tun. Außerdem hatten wir ja auch gar keinen Zugang dazu. Ich konnte und wollte das nicht bewerten, fand jedoch inzwischen auch für mich persönlich, dass da wirklich etwas sehr im Argen lag.

Am Samstag, den wir alle doch ziemlich entspannt in der Hotelanlage verbrachten, weil wir ja sonst nirgendwo mehr hinfahren konnten, gab es dann gegen Abend die beunruhigende Nachricht, dass sämtliche Flughäfen, vor allem Istanbul für uns geschlossen sei. Die Folge: Ratlosigkeit und Staunen bei den Gästen. Wir wollten doch am Montag wieder nach Hause!

Das jedoch wurde dann recht aufregend für alle, hat mit

erheblichen Verspätungen und Unannehmlichkeiten bei den meisten von uns länger gedauert als geplant und gebucht. Das Flughafenpersonal in allen Orten der Welt ist und war auf diese Krise nicht vorbereitet, und zumindest unsere Reisegruppe ist, soweit ich anhand meiner persönlichen Initiative feststellen kann, heil wieder daheim! Und – ich habe auch noch keinerlei Rückmeldungen bezüglich »pro Corona« – zum Glück! Dafür ist der Bürgermeister meiner Stadt infiziert, und ich weiß wahrhaftig nicht, wie lange der noch seinen Dienst im Rathaus absolviert hat, bevor er die Krankheit wirklich bemerkte.

Die Zeit nach der glücklichen Heimreise war ganz normal. Aber im Flughafen Istanbul hat man ja Kontakte nicht vermeiden können und dabei auch ausgesprochen interessante Menschen getroffen, die zu erwähnen es sich wirklich lohnt. Ja, da war ein Deutsch-Türke, ein äußerst beeindruckender junger Mann, mit dem ich mich urplötzlich in einer Diskussion über sämtliche Religionen und die unterschiedlichsten Verschwörungstheorien befand! Ich besitze ein Buch über diese Spinner, welches ich allerdings bislang noch nicht gelesen habe. Er bezeichnete sich auch später noch einmal in Düsseldorf als Erzieher in einer Kindertagesstätte im Rheinland irgendwo, was er mir bereits in Istanbul erzählt hatte.

Die Tage nach der Reise verliefen völlig geordnet. Ich hatte Abstand mit der Familie vereinbart, was alles bestens funktionierte. Aber nach zwei Wochen haben wir beschlossen, wieder gemeinsam am Küchentisch »Mensch ärgere dich nicht« zu spielen. Und zu speisen.

Marianne, eigentlich reisefreudig

Risikopatient

Zugegeben: Ich bin alt.
Ich habe bereits viel erlebt.
Krisen beWELTigt.
Kriege gekämpft.
Ich kenne Not, ich weiß, was Mangel heißt.
Leere Supermarktregale und geschlossene Grenzen sind
nichts Neues für mich.
Ich weiß, wie es aussieht, wenn auf den Straßen keine
Menschen, sondern Angst passiert.
Skeptische Blicke und Misstrauen, wenn ich ein Zu-Nah
gewagt habe, schüchtern mich nicht mehr ein.
Ich habe mich schon einmal in meinen Vier Wänden
verbarrikadiert.
Man muss sagen: Ich bin es gewohnt gefährdet zu sein.
Doch niemals in meinen erlebten 85 Jahren war ich:
EINSAM.
Ich sitze am Fenster eines faden Pflegeheims.
Kein Besuch gestattet.
Diagnose:
RISIKOPATIENT.
Ich sitze am Fenster eines faden Pflegeheims und frage.
Was ist es? Warum? Woher kommt es? Was will es?
Keine Antwort.
Ich sitze am Fenster eines faden Pflegeheims und erkenne.
Zum ersten Mal in meinem Leben.
Dieser Feind liegt nicht im Außen.
Die Natur lehnt sich auf.
Ich sitze am Fenster eines faden Pflegeheims, erkenne und löse
die Gleichung nach innen auf.

Der Feind liegt in uns.
Das muss uns bewusst
SEIN.
So lange verbleiben wir
EINSAM.

Inge, Wohnsitz: Pflegeheim

Die Frage der Lage

Die kleine Biene fliegt
Sie summt
Sie brummt
Und fliegt hoch in den Himmel
Stürzt sich ins Bienen Gewimmel
Auf der Suche nach Blütenkelchen
Die Qual der Wahl
Sucht den besten, doch nur welchen?

Der bunte Fisch, er schwimmt
Durch das Wasser und er freut sich sehr
Von der See bis hin ins Meer
Das kühle Nass ist wieder blau
Glücklich ist er und auch schlau
Fürchtet kein Netz und keine Angel
Leidet auch keinen Futtermangel

Der große Wolf, er rennt
Taucht in den Schatten tief im Wald
Niemand findet ihn hier sobald
Macht Jagd auf Hase und auf Maus
Baut sich im Walde sein Zuhaus
Rennt über Felder und Straßen
Rennt hin und her
Alles ist nun menschenleer

Vor einiger Zeit
Fand die Biene keinen Nektar
Vor einiger Zeit

War das Wasser des Fisches vergiftet
Vor einiger Zeit
Fürchtete der Wolf noch um sein Leben

Es stellt sich die Frage
Sie passt zur aktuellen Lage
Wer oder was wird hier vermisst
Und wer des Planeten Virus ist?

Kira, im Aufbruch

Gesegnet

Dieser Virus ist ein Beleg dafür, dass wir alle von ein und derselben Hand geschrieben werden.

Heute ist es egal, an was du glaubst, welche Farbe deine Haut und deine Augen haben. Es ist egal, welche Partei du wählst. Heute ist es egal, ob du der Sohn eines einfachen Teemachers bist oder der Sohn eines Oligarchen. Einflussreich oder arm, Promi oder Tellerwäscher, Gewinner oder Verlierer. Ob du die Prinzessin von Spanien oder ein einfacher Schuhmacher bist.

Die Grenzen, die wir geschaffen haben, sind in Relation zu den Gesetzen der Natur bedeutungslos. Nada, Niente. Und das sollte nun auch dem Letzten klar sein.

Niemand von uns sollte weiterhin die Arroganz besitzen und glauben, uns selbst würde es schon nicht treffen. Wir alle sind abhängig voneinander. Niemand kann vorhersagen was nach dem Leben auf uns wartet, doch wenn wir unserer Verantwortung gerecht werden, beeinflussen wir, was werden soll und landen nicht da, wo wir nicht sein wollen.

Die Richtung, die können wir angeben, denn wir Menschen sind gesegnet. Wir haben die Möglichkeit uns entscheiden zu können. Wir haben immer eine Wahl.

Darvar, der an Wunder glaubt

Andere Welten

Ein Haiku- Dialog

Man soll nicht rausgeh'n.
Bücher machen es leichter:
seitenweise Welt.

Mit jeder Seite
tauche ich tiefer hinein.
Mein Buch verschlingt mich.

Pass gut auf dich auf!
Wie Bastian Bux wusste:
Verlier dich nicht drin!

Wenn ich mich finde
zwischen Zeilen der Bücher
treffen sich Welten.

Das richtige Maß
macht beide Welten gesund.
Lass uns Pfleger sein!

Auch weil es das gibt:
Worte, die sich begegnen,
behalt' ich die Kraft.

Annika & Adriane, Slam-Poetin

Meine Freundin Corinna

Seit langem sehne ich mich danach, eine Freundin zu haben. Also nicht nur irgendeine fürs Kuscheln, Fernsehen, Shoppen oder was man sonst so alles zusammen macht. Sondern eben Die richtige Freundin. Eine mit der ich durch dick und dünn gehen kann. Eine, die mich voll in Beschlag nimmt, mich nie mehr verlässt und die mir alleine gehört. Eine, die nie eifersüchtig ist, selber immer treu zu mir steht und mich nie wegen einem anderen sitzen lassen würde.

Ich hatte die Hoffnung schon lange aufgegeben. Zu lange schon hatte ich gehofft, gebetet und gefastet ohne jedes Ergebnis. Wie oft hatte ich neidisch in irgendwelchen Praxen gesessen und Männer wie Frauen gesehen, die irgendwo fündig geworden waren. Ich saß leider immer alleine dort.

Doch plötzlich war sie da. Wie ein Geschenk des Himmels hatte sie sich aus demselben angeschlichen und mich in Beschlag genommen. Kaum nahm ich sie wahr, tränten mir schon die Augen vor Freude. Und wenn ich weinen muss, läuft mir auch schon mal schnell die Nase. Und wenn die Nase läuft, habe ich genauso schnell Halsschmerzen. Und wenn ich Halsschmerzen habe, werde ich noch schneller kurzatmig. Kaum das ich einen kurzen Atem hatte, versagt meine Lunge mir ihren Dienst. Und das wegen ihr. Ich habe sie Corinna getauft. Was für ein Geschöpf. Viel kleiner als erwartet und doch viel viel stärker als ich es ihr je zugetraut hätte.

Ich gewöhnte mich überraschend schnell an sie. Im Gegensatz zu allen anderen Freundinnen fragte sie auch gar nicht erst, ob sie vielleicht länger, also ein paar Tage, bleiben dürfe. Sie blieb einfach. Sie blieb so eng an mir, dass sie mir die Luft raubte und ich so manche Träne vergoss.

Wenige Tage darauf traf ich im Hausflur meinen Nachbarn. Ob es mir gut gehe, fragte er mich. Ich sähe so anders aus. Ich schüttelte ihm zur Begrüßung die Hand und antwortete pfeifend, dass es mir natürlich gut gehen würde. Ich habe ja jetzt schließlich eine Freundin. Ich stellte die beiden gegenseitig vor und nahm vor Freude schwitzend seine Glückwünsche entgegen.

Corinna und ich gingen zum Discounter. Nicht, dass ich sie dort auch vorstellen wollte. Nein, wir wollten einkaufen. Da mir ein Euro für den Einkaufswagen fehlte, hielt ich die wenigen Lebensmittel wie ein Baby im Arm. Als Kavalier der alten Schule musste Corinna natürlich nichts tragen. Irgendwie beschlich mich der Verdacht, dass Corinna verdächtig die anderen Menschen um mich herum betrachten würde. Ich verspürte einen Hauch von Eifersucht, als ich ein Kitzeln in meiner Nase verspürte. Vielleicht von den Radieschen oder irgendeinem anderen Gemüse. Das Kitzeln wurde unerträglich und ich begann schon die Nase zu rümpfen und in alle möglichen Richtungen zu biegen, um das Unvermeidliche vielleicht doch noch abzuwenden. Es half alles nichts. Die Arme vor dem Bauch verschränkt, um all das Gemüse und generell unser Abendessen zu halten, nieste ich auf das Kassenband und brüllte dabei wie ein Löwe in der Paarungszeit. Entschuldigend blickte ich um mich und murmelte leise um Verständnis heischend vor mich hin. Alle Umstehenden blickten in alle Richtungen, nur nicht zu mir. Die Frau vor uns rückte ihre Waren auf dem Band zurecht. Der Mann hinter uns griff noch in das Zigarettenregal und legte einige Packungen auf das Band.

Auch der Kassierer fragte mich, ob alles in Ordnung sei. Ich sähe so farbenfroh im Gesicht aus. Ich verzog mein

Gesicht zu einem Grinsen und hauchte ihm entgegen, dass ich jetzt eine Freundin hätte.

Zu Hause angekommen wollte ich meinen Verdacht, dass sie sich auffällig für andere Menschen, interessiere zur Sprache bringen. Aber das Thema wollte sie partout nicht mit mir behandeln.

Nach einigen Tagen bemerkte ich, dass die Intensität unserer Beziehung nachließ. Meine Augen tränten nicht mehr so stark. Der Schnupfen lies nach und ich bekam wieder Luft. Ich war recht traurig darüber. Genauso geheimnisvoll wie sie kam, ging sie auch wieder. Ich trauerte. Am selben Tag als ich ihr Verschwinden bemerkte, traf ich meinen Nachbarn wieder. Und was soll ich sagen? Corinna an seiner Seite! Ich war entsetzt, drehte mich auf dem Absatz wieder um und versteckte mich in meiner Wohnung. Zwei Tage später waren meine letzten Lebensmittel aufgebraucht. Ich schlich mich zum Discounter, packte ein paar Sachen in meinen Einkaufswagen und stellte mich an die Kasse. Irgendwann glitt mein Blick zum Kassierer. Ich erstarrte. Auf seinem Schoß saß Corinna. Mir schwanden die Sinne. Vor mir Menschen, hinter mir Menschen. Ich konnte nirgendwo hin. Langsam schob sich die Karawane von Einkaufswagen vorwärts. Schließlich sah der Kassierer mich und riss die Augen auf. Aber anstatt ein schlechtes Gewissen zu zeigen, blafft er mich an. Ich hätte ihm da ja was Schönes verpasst. Hätte ich ruhig für mich behalten können. Mir fehlten die Worte.

Sie hat mir keine Wahl gelassen, antworte ich. Aber wir sollten aufpassen, meinte er weiter. Es sähe danach aus, als wenn sie nymphomanisch veranlagt wäre. Er hätte sie auch schon bei einem anderen Kollegen gesehen. Und dieser wiederum habe sie sogar schon bei einer Kollegin erwischt. Mein Entsetzen kannte nun keine Grenzen mehr. Was war zu tun?

Der Kassierer verließ seinen Platz, holte seinen Vorgesetzten. Während wir nun zu dritt an der Kasse standen, berieten wir unsere Vorgehensweise. Corinna musste Einhalt geboten werden, soviel war sicher. Die Schlange wartender Menschen wurde immer länger. Alle hörten zu. Schnell hatten wir ein Komitee gegründet. Ich wurde kurzerhand Vorsitzender. Wir beschlossen, dass Abstand das Gebot der Stunde war. Und wer nicht freiwillig Abstand hielt, sollte gezwungen werden. Innerhalb kürzester Zeit waren Plexischeiben vor den Kassierern angebracht. Keiner durfte ohne Einkaufswagen die Filiale betreten und auch die Anzahl an Käufern wurde begrenzt. Aber es half nichts, Corinna wurde auch in anderen Filialen gesichtet. Ich wandte mich an die Bundesregierung. Sie erließ *stante de pede* ein Kontaktverbot und riet den Bundesbürgern sich mit Klopapier einzudecken. Die Mehrheit der Deutschen folgte ihrem Rat.

Inzwischen hat Corinna Deutschland verlassen. Zuletzt wurde sie mit Prinz Charles gesehen. Im Netz machte das Gerücht die Runde, sie habe sogar mit Tom Hanks etwas gehabt. Und aus Rache, weil sie nicht bleiben durfte, sogar mit seiner Frau. Ich trauere immer noch. Es war zwar eine kurz Liebe, dafür aber umso heftiger.

Mike, der Verliebte

Ausgelassen

ausgelassen
feste ausgelassen
ausgelassene feste ausgelassen
aus gelassenheit

aus gelassenheit manch ausgelassenheit ausgelassen
feste – ausgelassen
ausgelassene feste – ausgelassen
gelassenheit zugelassen

das feste ausgelassen
das weiche ausgelassen

fest-platten ausgelassen
was soft wär, ausgelassen
aus gelassenheit

aus gelassenheit manch ausgelassenheit ausgelassen
feste – ausgelassen
ausgelassene feste – ausgelassen

so.
mich über ausgelassen ausgelassene feste
ausgelassen
das tut gut

Martin, Schauspieler

Raus

Ich darf wohl davon ausgehen,
dass nach dem Rausgehen
die Lichter von selbst ausgehen.

Martin, Schauspieler

Familie vereint

kindstlerisch
elternativ
vaterlistisch
muttiviert

Martin, Schauspieler

Des Pudels Kern

Ich fühle mich pudelwohl. Frauchen hat endlich erkannt, dass es viel schöner ist, wenn wir 24 Stunden am Tag Seite an Seite verbringen und sie mich nicht jeden Morgen hinter verschlossenen Türen eine gefühlte Ewigkeit auf ihr Rückkehr warten lässt. Ich bin glücklich.

Hund, zufrieden

Ich fühle mich übergangen. Die olle Dosenöffnerin verlässt meine Wohnung nicht mehr. Ich brauche meine Ruhe, um mein Fell zu putzen, mit der Maus zu spielen, durch die Gegend zu schreiten, über das Sofa zu herrschen und elegant zu Mauzen, wenn mir was nicht passt. Ich bin empört.

Katze, genervt

Es ist der Wahnsinn. Frauchen ist verrückt geworden. Wir gehen jetzt zum siebten Mal!!! an einem Tag!!! Gassi. Irgendwann muss ihr Auslaufbedarf doch mal gedeckt sein. Ich kann nicht mehr.

Hund, verzweifelt

Şiir

Her akşam denizin tadı sıyırıp geçer dudağımdan,
oysa ne tuzum kaldı ne yakında bir liman.

Cem, sadece bir şair

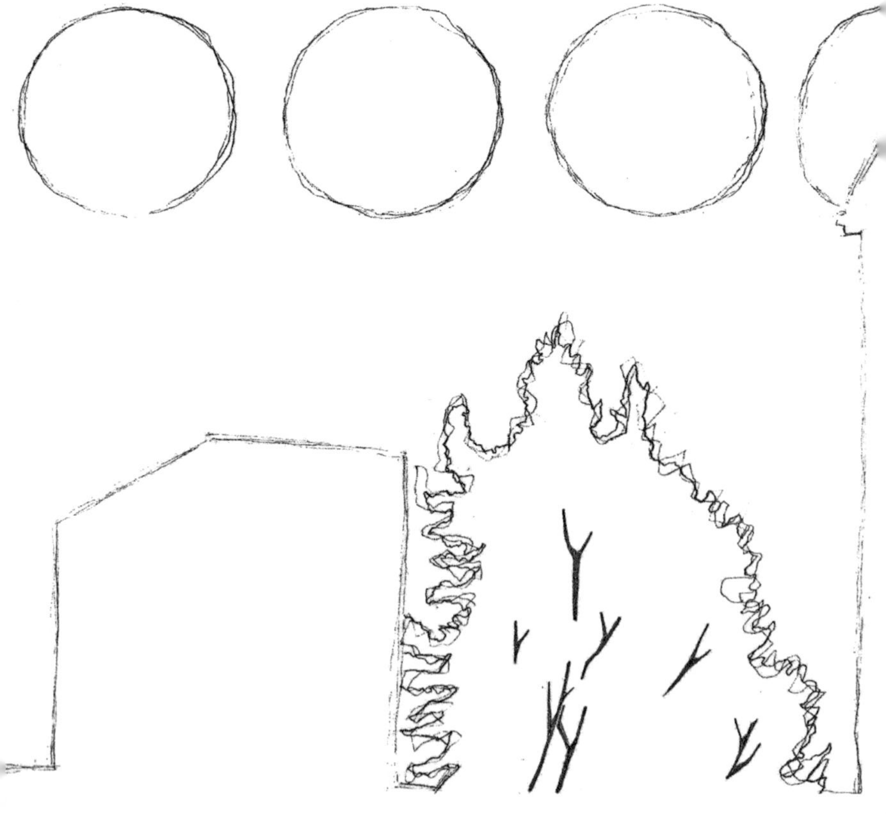

Poesie

Jede Nacht streift das Meer meine Lippen,
dabei ist weder Salz noch ein Hafen in Sicht.

Cem, nur ein Poet

Berühren

Normalerweise
Berühre ich dich
Berührst du mich
Und wir genießen
Die Nähe
Die Wärme
Das Wir.
Normalerweise
Kann ich dich fühlen
Kann ich dich riechen
Umarmen und tasten,
wie es dir geht.
Normalerweise
Schmiegen sich Körper
Verbinden sich Wellen zu einer.
Hören wir Herzen schlagen
Fühlen wir Weichheit und Starre
und alles dazwischen
und zeigen,
was wäre zu sagen.
Normalerweise.
Doch jetzt?
Nur ein Winken
Ein Lächeln
Ein Rufen
Ein Nicken
Und Wände
Aus Abstand
Dazwischen

Aus Band.
Ich hoffe
Auf Bald.
Auf das Ende der Bänder
Auf Tänze der Körper
Berührend.
Und spürend.
Die Nähe.
Die Wärme.
Das Wir.

Katja, Begegnung vermissend

Miesolation und Gegenmittel

Es ist über Dich gekommen, wie die stechende Gänsehaut von Haar zu Haar springt, die nach der ersten warmen Dusche am Morgen, den Tag nach der Nacht begrüßt. Es regnet heftig herab auf Dich, wie ein Gewitter im frühesten Frühling, das mit glänzendem, schwerem Nass den Boden 'netzt, auf dem Wege gebahnt werden, die uns die Welt bedeuten. Sonst so werkestreu und alltagsgeschäftig-flink, wie eine vielfach starke Ameise die eigene Hügellogistik parallel zur Suche nach neuen Ressourcen bändigt, steht nun alles irgendwie stiller, als lieb ist. Nationsstagnation. Und der Regen droht alles in Gestalt flutender Medialität, verwelkender Biografien von Groß und Klein und dem grauen Unbekannten in Starrschock zu versetzen. Schirme, mit verheißungsvoll großen Griffen gereicht, um die Nässe, den wandernden Schimmel im Existenzgebälk und die gefluteten Gedankenkeller fernzuhalten, scheinen zum Lachen in eben diese zu verdonnern und Altlasten aufzuschwemmen. Oberflächenspannung. Unterflächenspannung. Potz Blitz!

Ein Tropfen auf dem brodelnden Öffentlichkeitsparkett, heißer gekocht als er getrunken werden muss oder mit den Worten »lässt mich kalt« serviert, dass einem die Zähne vor Ignoranztanz bibbern. Innerhalb eines Aufwachens gefallen und Auftakt zum Seiltanz mit der eigenen Alltagsschlinge um den Hals. Eine Welle der Entrüstung aufschäumend. Über späte Einsichten, Egozentrifugalkräfte, die die weltlichen Mittänzer an die schmalen Nähte der »Chronicles of life and death« sowie den Rand von Wahnsinn und Sinnwahn treiben können. Schock-Schwere-Blitz!

Fäden werden gezogen und aus dem fremdbestimmten

»Ziehen« davor, wird das betäubende »Ziehen« danach. Im so geknüpften Zugzwang scheinbar gefangen, zittert der hauseigene Geduldsfaden ganz beträchtlich. Der – wohlgemerkt – extra dick Gewobene, um nicht etwa vorschnell das Spinnen anzufangen. »Hab-Acht-Auge« um »Gib-Acht-Auge« in den Straßen und Daheim die doppelte Portion

Isolation und ihre Abkömmlinge: Ausgebranntheit, Abgebranntheit und eine Menge Dosenmöhren in Petto. »Wut-Ding« will eine lange Weile Langeweile haben, gut' Ding' jedoch braucht frische Luft und *freshe* Leute.

Der nächste Blick auf die Lage 19 kann sich nun wie öffnen lassen, als wäre es ein ploppender Korken im vollmundig-süffigen Lieblingsdrink der eigenen ersten Wahl?

Vorschlag.

Ziehen wir vielleicht den Zahn, das aus einem bröckelnden »gut« nicht wieder ein glitzerndes »besser« werden kann. Zähne von Zeit und Wirtschaftsgetriebe bekommen Löcher, seit anno Tobak und der Einsetzung zuckerhungriger Affen mit überdimensionierten Polit-Becken, die klirrend aneinander rasseln. Wenn die Fütterung doch aber nicht ausgesetzt werden kann, *like*: »mir nichts, dir alles«, weil das Affengehege und sein inhärenter Kokosnuss-Hokuspokus, dem alle hinterher müssen, irgendwie auch uns oben halten. Dann sollten wir mit gespitzten Ohren in uns hineinhorchen, ja auch hineinschreien dürfen: »Wo liegt meine *fu**ing* Freude heute verborgen?«

Und da ist sie.

Versteckt, riesengroß, offensichtlich, winzig, kaum sichtbar aber zumindest merklich, bunt, lecker, sozial oder eigenbrödlerisch, halt solo oder im Double, aktiv oder gemütlich, lethargisch oder einfach so. Sie ist, was im Wolkenbruch des Monats März auch brillierende Frühlingsflora, klargespülte Luft und schlumpfige Chancen sieht, die durch die Schlüssellöcher von Türen krabbeln, welche sich öffnen, während andere gerade per lautem Knall schließen. Aus in die eigenen vier Wände verdonnerten Kellerkindern, mit in gesellschaftlicher Traufe versinkender Motivation, können samt Zusammenhalt, kraft guter Entscheidungen und zugelassener Gefühle sehr wohl wieder Alltagskünstler auftauchen, die aus vollen Kellern und Kellen Neues schöpfen und Schäfchen nicht länger nur zählen, um in unruhigen Schlaf zu finden, sondern sie wieder ins Trockene bringen. An das oft – und wahrlich nicht ganz unberechtigt - versteckte Ufer von Besinnung und Vertrauen. In sich selbst und alle die, die dieses unser Vertrauen bewahren, wie den kleinen Goldtopf des Kobolds am Ende des Regenbogens.

Der ist doch auch entstanden.

Natürlich.

Genau dort.

Blinder Optimismus ist wahrlich kein gutes Orakel dieser Zeit. Pessimismus ohne Boden jedoch ebenso wenig. Stille Hoffnung und ihre Früchte sind eine delikate Alternative zum Tauchgang in gedankliche, eiskalte Tiefseegebilde.

Bitte auftischen.

Kreatio ex Covido.

Oder so.

Ein ungezwungen-ungesungenes Hohelied der kleinen Zuversicht an genau dieser Stelle. Macht zu die Türen, doch hoch die Herzen und laut die Gespräche. Die warmen Gefühle viraler als den Kuckuck von Virus, der an den kuscheligen und mit liebster Mühe gemachten Nestern rüttelt.

Für ein bewusstes Jetzt, ein selbstbewusstes Morgen und ein entfrustetes Bald.

Rhiannon, rainbowishgothmoth

Und jetzt du

Eine surreale Welt. Einsamkeit oder internationale Verbundenheit? Allein daheim oder intensive Zeit mit den Liebsten? Vorsicht oder Rücksicht? Wählst du die freie Welt dort draußen oder die innere Stille? Was für eine Ruhe schreit dich an? Krankheit und Tot oder Genesung unserer Mutter Natur? Es gibt so viele Betrachtungsweisen, die uns dieser Virus »Corona« zeigt. Wie wäre es, wenn auch du deine eigenen Gefühle, Gedanken und Erlebnisse zu Papier bringst? Sei es in Form von Texten, einzelnen Wörtern, als Zeichnungen oder einfachen Kritzeleien: Halte fest, was dich festhält. Unsere Welt schreibt Geschichte, machst du mit?

Julia, aufmunternd

ich bleibe nicht nur

ich bin
ich lebe
ich arbeite
ich lese, male, werke
ich öffne mich
und fühle mich

Zuhause.

Danksagung

Ich möchte mich noch einmal in aller Ausdrücklichkeit (da reales Drücken zu dieser Zeit nicht möglich ist) bei allen Menschen bedanken, die sich am Zustandekommen dieses Buches beteiligt haben.

Aus einer anfänglich fixen Idee entstand ein leiser Gedanke, der auf so viel Bereitschaft gefallen ist, dass die Begierde immer größer wurde, eine kreative Gemeinschaft zu bilden, die sich anstatt an der Hand am Text festhält.

Ich hoffe, dass alle Schreibenden, Zeichnenden, Lesenden und Organisierenden ebenso erfüllt und stolz auf unsere ganz eigene Form der Krisenbewältigung sind. Ich hoffe Mut, Kraft und Inspiration geschenkt zu haben. Bewahrt euch die Vorsicht, Achtsamkeit und den respektvollen Abstand.
Lasst euch einladen.
Lasst euch nichts mehr aufladen.

Vergesst nicht, was wir in unserer Quarantäne Zeit gelernt haben. Denn *the show must go on* , bloß sind wir befähigt zu entscheiden, was gespielt wird und den Spielplan zu ändern, wann auch immer unser Geist danach verlangt.

Passt auf euch, euer Herz und eure Liebsten auf,
in Verbundenheit

Vivien Catharina, aus dem
Musketier Verlag

Inhalt

FSC
www.fsc.org
MIX
Papier aus verantwortungsvollen Quellen
Paper from responsible sources
FSC® C141904